T0157651

Printed in the United States
By Bookmasters

بسم الله الرحمن الرحيم

معاناة العامل الفلسطيني

تحت الاحتلال الإسرائيلي

إعداد

مريم عيتاني

أمين أبو وردة

وضّاح عيد

مركز الزيتونة

للدراسات والاستشارات

بيروت - لبنان

أولست إنساناً؟

(10)

سلسلة دراسات تتناول

الجوانب الإنسانية

للقضية الفلسطينية

تحرير

د. محسن محمد صالح

Am I not a Human?
Book Series (10)

The Suffering of the Palestinian Worker under the Israeli Occupation

Prepared by: **Mariam Itani, Amin Abu Wardeh & Waddah Eid**

Edited by: **Dr. Mohsen Moh'd Saleh**

ISBN 978-9953-500-19-5

مركز الزيتونة للدراسات والاستشارات

ص.ب: 5034-14، بيروت – لبنان

تلفون: 644 803 1 961+

تليفاكس: 643 803 1 961+

بريد الكتروني: info@alzaytouna.net

الموقع: www.alzaytouna.net

تصميم وإخراج

مروة غلاييني

طباعة

Golden Vision sarl +961 1 820434

المحتويات

تقديم

يقدّم مركز الزيتونة للقرّاء كتابه العاشر من سلسلة "أولست إنساناً"، التي يسلط الضوء من خلالها على الجوانب المختلفة لمعاناة الشعب الفلسطيني.

يتناول هذا الكتاب "معاناة العامل الفلسطيني تحت الاحتلال الإسرائيلي"، ويستعرض تاريخ الحركة العمالية في فلسطين ونضالها، والاستهداف المباشر للعمال الفلسطينيين وللبنى التحتية وللقطاع الزراعي، كما يبرز سياسات الاحتلال الإسرائيلي في خنق الاقتصاد الفلسطيني، والتبعات الاقتصادية المترتبة على تقييد حرية حركة العمال، بالإضافة إلى معاناة العمال الفلسطينيين داخل "إسرائيل" وفي المستعمرات الإسرائيلية.

يعيش العامل الفلسطيني معاناة استثنائية، من حيث طبيعة الاستهداف، ومن حيث المخاطر التي تواجهه من الاحتلال الإسرائيلي، الذي فرض كل الشروط والظروف التي أدت إلى عدم قيام مؤسسات حقيقية ترعى العمال الفلسطينيين وتقوم بتنظيمهم، وتطالب بحقوقهم.

إن العامل الفلسطيني ضحية لواقع لا إنساني، وهو محاصر بين أسرة تنتظر منه حاجاتها الأساسية، وبين سياسة إسرائيلية تقهره، وتفرض عليه البطالة.

ويسير هذا الكتاب على نهج كتب سلسلة "أولست إنساناً"، فينقل المعاناة بأسلوب يخاطب العقل والقلب في إطار علميّ منهجيّ موثّق، مستعيناً ببعض القصص والصور، لتقرّب إلى القارئ بشكل أوضح ما يعانيه الشعب الفلسطيني تحت الاحتلال الإسرائيلي.

مقدمة

ارتبط الاستعمار والاحتلال قديماً بعوامل اقتصادية مثل تسخير العمال ونهب الثروات الطبيعية؛ لكن القرن العشرين شهد نهايات هذا العهد وبدايات نظام عالمي جديد، احتفظت فيه القوى الكبرى بهيمنتها الاقتصادية على العالم لكنها فقدت العديد من أشكال السيطرة المباشرة. وتطورت الحركة العمالية وانتهت حقبات استغلال العمال وتسخيرهم في معظم بلدان العالم؛ إلا في فلسطين.

ففي فلسطين، سارت الأمور في الاتجاه المعاكس تماماً. فهذه البلاد التي عرفت ازدهاراً اقتصادياً في بدايات القرن العشرين، مردّه الأساسي إلى موقعها الاستراتيجي ومكانتها الدينية المقدسة، برع أهلها في التجارة والعلوم وكانت لمؤسساتهم من مستشفيات ومدارس ومصانع الريادة في بلاد الشام، لكنها وقعت ضحية المؤامرة البريطانية الصهيونية؛ ليكتب لها أن تبدأ معاناة قاسية مع الاحتلال، طالت كافة جوانبها المعيشية بما فيها الاقتصادية، واستمرت حتى اليوم.

ولقد كانت معاناة العمال الفلسطينيين أحد الجوانب التي قلما يتم تسليط الضوء عليها، حيث إن الحديث عن العمال غالباً ما يرتبط بعلم الاقتصاد وبالدراسات والمؤشرات الاقتصادية؛ ويبتعد تماماً عن الجوانب الإنسانية لهذا القطاع الواسع والمهم من المجتمع، والذي يرتبط بشكل أو بآخر بكافة النواحي الاجتماعية والمعيشية الأخرى. كما أسهم في تغييب الحديث عن معاناة العمّال تحت الاحتلال الإسرائيلي، ما تسبّب ويتسبّب به هذا الاحتلال من معاناة على صعد أخرى، هي بطبيعتها أكثر إثارةً للاهتمام، كمعاناة النساء والأطفال والمرضى والأسرى، وارتكاب المجازر، وهدم المنازل ومصادرتها للأراضي، وانتهاك المقدسات، وغيرها... على الرغم من أن الاحتلال ركّز على استهداف الاقتصاد الفلسطيني والقوى العاملة، استهدافاً مقصوداً عبر سياسات محددة، لما لهذا القطاع الحيوي من أهمية ولنشاطه من تبعات.

ويحاول هذا الكتاب التعريف بمعاناة العمال الفلسطينيين تحت الاحتلال الإسرائيلي من جوانبها المختلفة، مشدداً، كما في الأعداد السابقة من هذه السلسلة، على ضرورة وقف هذه المعاناة التي يتسبب بها الاحتلال الإسرائيلي وممارساته التي لا تحترم شرعاً أو عرفاً أو مبدأ أو قانوناً.

لعمّال فلسطين لوحتهم، يفترشون الأرض وخلفهم في الأفق سياراتهم ومنازلهم، متساندةً لا تترك مساحة في الفضاء. جلسات العمال في تشكيلها الثنائي، بحيث يجلس كل عامل في ظهر زميل له، تعكس مدى التضامن والتآلف بينهم، في ظلّ ما يحيطهم من هموم عكستها الألوان القاتمة للوحة وتعابير وجوههم، التي على الرغم من كل شيء صلبة مستقيمة.

كما يعكس أفق اللوحة ملامح التعطيل والانسداد.

واللوحة للفنان الفلسطيني الشهير الراحل إسماعيل شموط الذي كرّس أعماله لمعاناة شعبه.

أولاً: تمهيد معلوماتي

لا يمكن الحديث عن القوى العاملة في أي مجتمع أو بيئة إلا بالحديث عن الاقتصاد أولاً بإطاره الأوسع الذي يعرّف على أنه مجموع الأنظمة الاقتصادية في منطقة ما (أو دولة)، بما في ذلك العمال، ورأس المال، والموارد الطبيعية، والعوامل الاقتصادية، التي تشارك اجتماعياً في إنتاج، أو مبادلة، أو توزيع، أو استهلاك البضائع والخدمات في تلك المنطقة.

والاقتصاد هو عملية تراكمية مستمرة، تجمع بين الماضي والحاضر، وبين الواقع الاجتماعي والحضاري والثقافي والجغرافي والسياسي؛ فتتأثر بها تماماً كما تؤثّر عليها. لهذا فإن الاحتلال الذي ينتهك كافة جوانب الحياة، لا يمكن تجاهل أثره على الاقتصاد بما فيه القوى العاملة؛ خاصة إذا ترافق مع استهداف متعمّد للجوانب والمؤثّرات الاقتصادية.

ويتم تناول الاقتصاد عادة في جوانب أو قطاعات رئيسية، منها مثلاً القطاعات العامة والخاصة (الحكومية وغير الحكومية)، أو القطاعات الإنتاجية. كما يكون تناول الجوانب الاقتصادية بتناول مؤشرات رئيسية درج اعتمادها في علم الاقتصاد، لعل أشهرها: الناتج المحلي الإجمالي والدخل القومي الإجمالي، وإجمالي الصادرات والواردات، ومعدلات الإنفاق العام والإنفاق الاستهلاكي، ومؤشرات البطالة والفقر...إلخ.

وتجدر الإشارة إلى أن هناك العديد من المآخذ على هذه المؤشرات ودلالاتها الحقيقية، خاصة وأنها تصدر عن جهات سياسية رسمية في معظم الأحيان، وبالتالي قد تخفي الدول العديد من الظواهر السلبية من خلال إعطاء أرقام غير حقيقية أو معدّلة، أو عن غير قصد بسبب انتشار الترهّل وغياب الفعالية، ونقص الإمكانيات في أداء العديد من المؤسسات الرسمية في دول العالم الثالث خصوصاً. كما أن الأرقام التي تصدر عن البنك الدولي The World Bank أو الجهات الدولية تكون في معظمها ذات قيمة رياضية بحتة، بسبب صعوبة إسقاطها على واقع الدول المعنية، لتفاوت معدلات أسعار المعيشة والعملات والظروف بين الدول.

1. الاقتصاد الفلسطيني:

يغطي مصطلح "الاقتصاد الفلسطيني" المتداول من حيث الديموغرافيا والجغرافيا، اقتصاد الـ 4.109 ملايين فلسطيني الذين يقيمون في الضفة الغربية وقطاع غزة، بحسب إحصائيات نهاية سنة 2010. وعليه فإن هذا الاقتصاد يستثني فلسطينيي 1948 (المقيمين في "إسرائيل")، وفلسطينيي الشتات الذين يُقَدَّر عددهم مع نهاية السنة نفسها بحوالي 1.277 مليون و5.749 ملايين نسمة على التوالي، بحسب إحصائيات الجهاز المركزي للإحصاء الفلسطيني[1]؛ أي أنه

يمثّل فقط اقتصاد 36.9% من الفلسطينيين و22% تقريباً من الأراضي الفلسطينية (بحسب مساحة فلسطين تحت الانتداب البريطاني).

سوق الخليل فارغة، وأغراض مبعثرة، بعد أحد اقتحامات المستوطنين لها في حزيران/ يونيو 1995.

يحكم هذا الاقتصاد خاصيتان رئيسيتان:

الأولى: أنه اقتصاد تحت احتلال ينتهك الأرض والبحر والأجواء، ويتحكم بالصادرات والواردات، ويستنزف الموارد الطبيعية وفي طليعتها التربة والمياه، ولطالما استهدف ويستهدف البنى التحتية من شبكات طرق ومياه وكهرباء ويدمرها، كما قطّع أوصال الضفة الغربية بنظام شائك من الحواجز والمعابر والطرق الالتفافية بالإضافة إلى الجدار الفاصل، ويتحكم بكافة معابر قطاع غزة حتى بحرها؛ مما يجعل حياة الفلسطينيين فيه مثل الحياة في سجن كبير.

كما أنه لا توجد حتى اليوم عملة فلسطينية أو نقد وطني فلسطيني تصدره السلطة الوطنية. وتتم المعاملات بعملات مختلفة، أبرزها الدولار الأمريكي والدينار الأردني والشيكل الإسرائيلي. وقد سعى الاحتلال الإسرائيلي منذ بدايته إلى تقييد الاقتصاد الفلسطيني بهذا الشكل، بحيث يكون اقتصاداً تابعاً للاقتصاد الإسرائيلي، يوفّر له العمالة الرخيصة، ويكون سوقاً لمنتوجاته، كي لا تتوفر للاقتصاد الفلسطيني أية مقومات استقلال وتنمية حقيقية. إنّ أكثر من ثلثي الواردات الفلسطينية تأتي من مصادر إسرائيلية، كما تذهب أكثر من تسعة أعشار الصادرات الفلسطينية إلى السوق والمؤسسات الإسرائيلية. حتى إيرادات الجمارك والضرائب الفلسطينية، فإن سلطات الاحتلال هي من يجبيها، وتستخدمها كأداة ضغط على السلطة الفلسطينية[2]. وكل ما سبق مكرّس في اتفاقيات التسوية السلمية وما نتج عنها من ترتيبات "الحكم الذاتي"، ولعل أبرزها في الجانب الاقتصادي اتفاقية باريس، واتفاقيات المعابر الخاصة بقطاع غزة[3].

وفي هذا السياق، يجب التنبيه إلى أن الاقتصاد الفلسطيني لا يعكس، بالتالي، القدرات الفلسطينية والمقومات الحقيقية للشعب والموارد الفلسطينية، بقدر ما يعكس معاناة هذا الشعب وظلم وقهر الاحتلال الإسرائيلي.

الثانية: الديموغرافيا الفلسطينية التي تتميز بالخصوبة النسبية مقارنة مع الشعوب الأخرى، وتحديداً دولة الاحتلال. لكن هذه الصفة تصبح من الناحية الاقتصادية، عملة ذات وجهين. فمن جهة، تكمن إيجابيتها في أنها تغذّي الاقتصاد الفلسطيني بالموارد البشرية الشابة، والتي تكاد تكون المورد الوحيد المتوفر حالياً للاقتصاد الفلسطيني. إلا أنها من الناحية الأخرى ترفع من نسبة الإعالة.

وتختلف نسب الإعالة والبطالة بين الضفة الغربية وقطاع غزة، حيث ترتفع نسب الإعالة والبطالة أكثر في قطاع غزة، خاصة مع الحصار الإسرائيلي الخانق منذ فوز حماس في الانتخابات التشريعية سنة 2006، وبعد العدوان الإسرائيلي في نهاية سنة 2008 ومطلع 2009. ويعدّ قطاع غزة من أكثر المناطق كثافة سكنية في العالم، حيث يسكن مساحته البالغة 363 كم[2]، حوالي 1.56 مليون نسمة، أكثر من ثلثيهم من اللاجئين[4]. وباستثناء الغاز الطبيعي الذي اكتشف منذ سنين قليلة في بحر غزة الذي تسيطر عليه "إسرائيل"، لا يتمتع قطاع غزة بغنى الموارد الطبيعية والمياه.

يعتمد الاقتصاد الفلسطيني بشكل أساسي على المساعدات والمنح التي تأتي من الخارج، وغالباً ما تكون مشروطة بتوجهات سياسية معيّنة لا تراعي مصلحة وظروف الفلسطينيين، بل وتكرّس من سياسات ارتهان الشعب الفلسطيني من خلال لقمة عيشه. ويزيد من سوء الأوضاع، وجود فساد إداري ومالي كبير في أجهزة السلطة، مما يؤدي إلى ضياع العديد من هذه الأموال والمساعدات في غير محلّها الصحيح.

2. القوى العاملة في فلسطين:

بحسب إحصائية الجهاز المركزي للإحصاء الفلسطيني للقوى العاملة للربع الرابع من سنة 2010، يقدّر مجموع القوى العاملة في الضفة الغربية وقطاع غزة بحوالي مليون نسمة، أي حوالي 24.4% من مجموع الفلسطينيين هناك[5]. وبالتالي فإن الحديث عن معاناة العامل الفلسطيني ليس مجرد حديث عن فئة صغيرة من السكان، بل عن معاناة ربع الشعب الفلسطيني في الأراضي المحتلة سنة 1967، والتي تنعكس على معاناة باقي الفئات بشكل مباشر بسبب الارتباط الوثيق بين العمل وبين الإعالة والفقر والتعليم... وغيرها من المكونات الاجتماعية.

وتشكل النساء 15.3% من القوى العاملة. في حين يقدّر مستوى البطالة (بين الذكور والإناث) بنسبة 23.4%. وتتفاوت هذه النسبة بفارق ملحوظ بين الضفة الغربية 16.9% وقطاع غزة 37.4%[6].

أول أيار "عيد" العاطلين عن العمل في غزة

... أبو محمد العكة (48 عاماً) واحد من العمال الذين فقدوا عملهم يقول إنه فقد عمله منذ أكثر من ثلاثة أعوام، واضطر إلى عرض كليته للبيع في مستشفيات غزة ليأتي بثمنها بما يسد به رمق أبنائه التسعة. واختصر أبو محمد حديثه عن عيد العمال بقوله إنه "عيد العاطلين عن العمل في غزة"، معتبراً أن الحديث عن مناسبة يوم العمال أمر ليس واقعياً هنا.

◄ جريدة الخليج، الشارقة، 2008/5/2.

وتتوزع القوى العاملة على القطاعات الاقتصادية كالتالي بحسب تقديرات الربع الرابع لسنة 2010: الزراعة والصيد والحراجة 12.5%، التعدين والمحاجر والصناعة التحويلية 10.7%، البناء والتشييد 12.7%، التجارة والمطاعم والفنادق 19.5%، النقل والمواصلات والاتصالات 5.9%، الخدمات والفروع الأخرى 38.7%[7].

ويعاني العمّال الفلسطينيون من تبعات الإجراءات الإسرائيلية من تحكم في الحركة وحصار واعتداءات، هذا بالإضافة إلى المعاناة الناتجة عن الانقسام الحالي بين الضفة الغربية وقطاع غزة، مما يفاقم من الأزمة الاقتصادية إثر الانخفاض في حجم التجارة، والتدهور في مستوى المعيشة، وزيادة الغلاء، والفقر، وارتفاع نسبة البطالة.

أديب أبو سنينة، 20 عاماً، كهربائي. في 2005/7/14، اعتدى جنود ومستوطن عليه وعلى أحمد دعنة، خلال عملهم في بيت بشارع السهلة في الخليل. ثم احتجزوهم تسع ساعات في الحاجز، بعدها حولوهم إلى التحقيق.

‹ تصوير: موسى أبو هشهش، مركز المعلومات الإسرائيلي لحقوق الإنسان في الأراضي المحتلة (بتسيلم)، 2005/7/30.

كما يعمل عشرات الآلاف من العمال الفلسطينيين داخل الخط الأخضر "إسرائيل" بشكل غير قانوني ودون الحصول على تصاريح عمل، وتشير تقديرات الجهاز المركزي للإحصاء الفلسطيني إلى وجود حوالي 80 ألف عامل فلسطيني يعملون في الداخل[8]، في معظم الأحوال يتم استغلال وضعهم غير القانوني لابتزازهم والتهرب من دفع حقوقهم وأجورهم، إضافة إلى أن الجزء الأكبر منهم يعيش في ظروف صعبة وغير إنسانية، حيث يعيشون في مبانٍ مهجورة تفتقد إلى الخدمات الأساسية.

3. حقوق العمال:

يرتبط تعريف العمال بكونهم أساساً طبقة "مهنية"، تختلف طبيعتها ودورها الاجتماعي والاقتصادي والسياسي من مجتمع لآخر. وعليه، فإن معظم الحقوق التي تنادي بها الحركة العمالية تندرج تحت مبدأ أساسي هو "عدم الاستغلال"، بدءاً من ساعات وظروف العمل وعدالة الأجر والتقديمات والحوافز؛ وليس انتهاءً،

السعي لتشكيل نقابات تحمي مصالح العمال؛ حيث توسعت مفاهيم حقوق العمال مع الوقت لتشمل بنوداً مثل عدم التمييز بسبب اللون أو العرق أو الدين أو الجنس، والحماية من البطالة، ومنع عمالة الأطفال.

وفي سنة 1919 تأسست منظمة العمل الدولية International Labour Organization كجزء من عصبة الأمم، بهدف حماية حقوق العمال. وقد تضمن الإعلان العالمي لحقوق الإنسان الصادر سنة 1948 فقرتين تتعلقان بحقوق العمال، وهما الفقرتان 23 و24؛ حيث تنصّ الأولى على حقّ كل شخص في العمل وفي "حرية اختياره بشروط عادلة مُرْضية، كما أن له حق الحماية من البطالة"، والحق في أجر متساوٍ للعمل، وأجر "مُرضٍ، يكفل له ولأسرته عيشة لائقة بكرامة الإنسان تضاف إليه، عند اللزوم، وسائل أخرى للحماية الاجتماعية". وكذلك الحق في إنشاء نقابات والانضمام إليها حماية لمصلحته. وتضيف المادة 24 أن "لكل شخص الحق في الراحة، وفي أوقات الفراغ، ولا سيّما في تحديد معقول لساعات العمل وفي عطلات دورية بأجر"[9].

ومع تأسيس نقابات العمال، تمّ تحديد الكثير من حيثيات الحقوق المذكورة آنفاً، كتحديد حدّ أدنى للأجر وحدّ أقصى لساعات العمل وأيام العطل والراحة، وأنظمة الدوامات الإضافية، وشروط السلامة والحماية في بيئة العمل، وغيرها... كما أنه مع صدور العهد الدولي الخاص بالحقوق الاقتصادية والاجتماعية والثقافية، تمّ تأكيد كافة الحقوق المذكورة أعلاه.

إلا أن الحديث عن حقوق العمال في فلسطين أو معاناتهم، وإن كان يشمل انتهاكات لمعظم هذه الحقوق، لكنه يتركز بجوهره حول معاناة أعمق تمس حقوقاً أساسية أوسع وأكبر من مجرد المطالبة بـ"عدم الاستغلال"؛ وتصل إلى حدّ المسّ يومياً بحقهم في الحياة.

عمال فلسطينيون ينتظرون لعبور حاجز حوارة في الضفة الغربية.

بتسيلم، 2003/10/30.

وتكاد معاناة العمال الفلسطينيين تتشابه في هذا الوجه مع معاناة المرأة الفلسطينية، من حيث الهوّة الكبيرة بين ما ينادي به دعاة حقوقهم بشكل عام (كعمال أو كنساء)، وبين واقعهم كفلسطينيين في ظلّ الاحتلال الإسرائيلي، الذي يعتدي عليهم يومياً، ويصادر أراضيهم، ويهدم منازلهم، ويتحكم بتنقلاتهم، فيحرمهم الوصول إلى مراكز التعليم والعمل والطبابة؛ ويجبرهم على العيش في دوامة يومية من الفقر والحصار والمعاناة. فكما أن المرأة الفلسطينية لا تشغلها كثيراً أهمية مفاهيم "الجندرة" و"المساواة التامة" و"الحقوق المدنية"، بقدر ما تحتاج إلى حياة آمنة وعادلة في أرضها وبيتها ومع أهلها وزوجها وأطفالها؛ فإن العامل الفلسطيني الذي يسلك المشاق سعياً وراء لقمة عيشه وعيش عائلته، ويعاني يومياً من إهانات الاحتلال والانتظار على المعابر والحواجز، ومعرّض في أية لحظة للموت أو لمصادرة أرضه أو مصدر رزقه أو للاعتقال؛ لن تشغله بقدر مماثل "أولويات" حقوق العمال الآخرين من أجر متساوٍ وحقّ في الراحة ونظام للدوامات الإضافية...إلخ. وما سبق لا يعني طبعاً استثناءَ العمال الفلسطينيين من هذه الحقوق أو عدم أحقيتهم بها، لكنه يمهّد لما سيدركه القارئ خلال هذه الدراسة من هوّة واسعة بين واقع العمال في العالم، وواقع العمال في فلسطين.

ثانياً: تاريخ الحركة العمالية في فلسطين ونضالها

لعبت الحركة العمالية في فلسطين، على الرغم من معاناتها، دوراً تاريخياً ونضالياً بارزاً. فأولى حركات المقاومة المؤرّخة للفلسطينيين ضدّ الاحتلال الصهيوني، كانت عندما هاجم الفلاحون العرب المطرودون من الخضيرة وملبس (بتاح تكفا) قراهم التي أُجلوا منها رغم إرادتهم سنة 1886[10]. ولقد كان الفلاحون في الريف الفلسطيني من أكثر الناس تعرضاً للظلم والإفقار والتهجير، فطُردوا من أراضيهم التي باعتها الدولة أو كبار الملّاكين إلى الصهاينة؛ وكانوا أكثر الناس استعداداً للثورة والتضحية بحسب ما عكست أيضاً تقارير الاستخبارات البريطانية. وكانت هذه الطبقات الكادحة من الفلاحين والعمال هي نبض الثورات الفلسطينية التي قامت في تلك الفترة (انتفاضة موسم النبي موسى 1920، انتفاضة يافا 1921، انتفاضة البراق 1929، انتفاضة 1933، وثورة 1936-1939). ولقد كانت الشرارة التي فجّرت ثورة 1936 هي احتجاج العمال الفلسطينيين على تسليم حكومة

الانتداب البريطانية مشروع بناء مدارس في يافا إلى مقاول يهودي رفض تشغيل العمال العرب[11].

كما امتد الدور النضالي للعمال والفلاحين الفلسطينيين ليشمل حركات العصيان المدني، حيث امتنعوا عن دفع الضرائب للحكومة البريطانية احتجاجاً، وأعلنوا الإضرابات العامة والشاملة؛ ممّا أربك الاحتلال البريطاني ودعمه للصهيونية، ودفعه لتصعيد ممارساته القمعية بحقّ الفلسطينيين لتأمين أكبر قدر ممكن من التمكين للاحتلال الصهيوني. ويُشَار هنا إلى أن الكثير من أتباع الشيخ عز الدين القسام كانوا من عمال ميناء حيفا وعمال المحاجر[12]. وقد تحمّل العمال خسائر اقتصادية فادحة بفعل مشاركتهم في الثورة، إذ أصبح عشرات الآلاف منهم عاطلين عن العمل، وسرّحت سلطات الانتداب أعداداً كبيرة من العمال العرب، منهم مثلاً عمال ميناء يافا مما أدى إلى ازدهار ميناء تل أبيب اليهودي المجاور. وقدّر تقرير قدمته جمعية العمال العرب بحيفا إلى دائرة الإحصاء في القدس، أن عدد العمال العاطلين عن العمل قد وصل خلال المرحلة الثانية من الثورة إلى 60% في بعض المدن الرئيسية، وبينها حيفا. أضف إلى ذلك عمليات نسف البيوت والحرق والتخريب والسجن والاعتقالات الجماعية التي مارسها الاستعمار البريطاني[13]. ومع انشغال بريطانيا بالحرب العالمية الثانية 1939-1945، كانت الفترة 1936-1947 الفترة الرئيسية التي شهدت أوج التمكين الاقتصادي للوجود الصهيوني في فلسطين؛ والذي مهّد لنكبة 1948 وطرد الفلسطينيين من أراضيهم وبيوتهم.

أما في مجال الحركة العمالية النقابية، فلقد دفعت التحديات المبكرة التي واجهها عمال فلسطين إلى توحيد جهودهم في نقابات وجمعيات منظّمة؛ فتأسّست جمعية العمال العربية الفلسطينية في حيفا سنة 1925، وكان لها قانون ومركز رئيسي وفروع، على الرغم من أن عدد أعضائها حينئذ لم يتجاوز الثلاثين، وكانوا

جميعاً من عمال سكة الحديد في حيفا[14]. وقد كان تأسيس هذه الجمعية التي كان هدفها الأساسي الدفاع عن حقوق العمال العرب في فلسطين، بداية لكفاح مرير ضدّ ثلاث جهات، الاستعمار البريطاني، والاحتلال الصهيوني، والإقطاعيين وأصحاب الأعمال العرب الذين كانوا يستغلون العمّال[15].

فلسطينيون يعرضون هوياتهم للجنود على بوابة الجدار الفاصل.

◄ تصوير: إيال دور، 2003/10/1.

وفي سنة 1930، انعقد أول مؤتمر عمالي عربي في فلسطين بحضور 61 مندوباً يمثّلون 3,020 عضواً من مختلف أنحاء فلسطين. وانتخب المؤتمر لجنة مركزية وأصدر توصيات أهمها الدعوة لتشكيل نقابات عمالية في أنحاء فلسطين كافة، وطالب بسنّ قوانين وتشريعات خاصة لحماية العمال، وبمنح الاستقلال لفلسطين وشجب الهجرة اليهودية، وشجب قرار سلطات الانتداب البريطاني منح حقّ استثمار مشروع فوسفات البحر الميت لإحدى الشركات اليهودية. وقد أثار المؤتمر أصداء وردود فعل عديدة، وأسهم في زيادة الوعي النقابي بين العمال الفلسطينيين. وأسهمت ثورة 1936 في توحيد الحركة العمالية الفلسطينية،

فظهرت نقابات مستقلة لبعض المهن مثل نقابة عمال البرق والبريد والهاتف، ونقابة عمال دوائر الأشغال العامة. ومع تدفق الفلاحين إلى المدن بحثاً عن العمل، ازداد حجم الطبقة العاملة وتوحّدت النقابات في جمعية العمال العربية الفلسطينية، التي عُدَّت في تلك الفترة أبرز جسم عمالي فلسطيني. كما شارك عمال فلسطين إلى جانب العمال العرب من دول الجوار في المؤتمر التأسيسي لاتحاد النقابات العالمي في باريس سنة 1945، ونجحوا في انتخاب النقابي اللبناني مصطفى العريس ممثلاً للشرق الأوسط في اللجنة التنفيذية للاتحاد، وقد كان في مواجهته مرشح صهيوني[16].

وبعد نكبة 1948، وتشتّت الشعب الفلسطيني وطرده من أرضه، صارت فلسطين مجزأة إلى ثلاثة أقسام رئيسية، الأراضي المحتلة سنة 1948 "إسرائيل"، والضفة الغربية التي وضعت تحت إشراف أردني، وقطاع غزة الذي وضع تحت إدارة مصرية. واختلفت ظروف العمال الفلسطينيين وأوضاعهم باختلاف أماكن تواجدهم؛ مع الإشارة إلى أننا لم نتطرق في هذا الكتاب إلى العمال الذين لجأوا إلى خارج فلسطين، وقاسوا الأمرّين لتأمين لقمة عيشهم والبدء من الصفر.

ومن البديهي أن الحركة العمالية الفلسطينية عندها تأثرت وتفرّقت؛ فمن تبقى من العمال الفلسطينيين داخل الأراضي التي احتلتها "إسرائيل" عانى من القوانين التعسفية التي وضعتها بحق العمال العرب، وأجبر إما إلى الانتساب إلى الاتحاد العمالي الإسرائيلي العام (الهستدروت) لينال ترخيصاً للعمل، أو على العمل سراً في ظروف استغلالية قاسية. ومنعت قوانين الاحتلال العسكرية الصارمة التي فرضها على الفلسطينيين إقامة وتشكيل أية تنظيمات أو تجمعات أو حركات.

وفي قطاع غزة، كان لتدفق اللاجئين الكثيف بالغ الأثر على القطاع بمساحته الصغيرة وموارده الطبيعية الفقيرة، حيث بلغت نسبة اللاجئين إلى السكان الأصليين فيه بنسبة 200%؛ وارتفعت نسبة البطالة والاعتماد على المساعدات والمعونات. ولا توجد أية إشارة تدل على وجود عمل نقابي في القطاع في تلك الفترة، حيث مُنعَتْ هذه الأنشطة في معظم فترة حكم عبد الناصر لمصر.

أما في الضفة الغربية التي وضعت تحت الإشراف الأردني، فقد بقيت بعض فروع جمعية العمال العربية الفلسطينية تقوم ببعض الأنشطة، لكن تراجع حضورها أيضاً بسبب الظروف الاجتماعية والاقتصادية الصعبة التي سادت بعد النكبة وتدفق اللاجئين وانهيار الاقتصاد الذي كان يعتمد سابقاً على شمال فلسطين (الأراضي المحتلة سنة 1948)؛ ثمّ إنّ القوانين الأردنية كانت تمنع العمل النقابي العام، فقامت بإغلاق مكاتب الجمعية أوائل الخمسينيات، وكان ذلك نهاية حقبة نضالية من العمل النقابي الفلسطيني[17].

ابتزاز

اعتقل العامل إسحق زايد هو ونجله سليم في أواخر حزيران/ يونيو سنة 2009، وعمّا تعرّض له في الاعتقال يقول:

بدأ الضابط في الضغط علي وابتزازي. قال لي: كنت تجني من عملك في "إسرائيل" 250 شيكلاً (نحو ستين دولاراً أمريكياً) يومياً أما الآن فأنت لا تجني أكثر من 30 شيكلاً (نحو سبعة دولارات). تعاون معنا وسنعطيك أكثر مما كنت تحصل عليه في "إسرائيل". قال لي: سنزوج ابنك سليم، وسنسمح لك بالصيد في كل مكان، وعلى أي مسافة، وسنعطيك ما تريد من المال. لكني رفضت. ضربني الضابط الآخر على كتفي حينما سألتهم متى سيعيدون لي قاربي، وقال لي: اعمل معنا حتى نعيد لك قاربك و نعطيك قارباً آخر أكبر، متى ستفهم؟ إنها مجرد معلومات.

➤ جريدة **الدستور**، عمّان، 2009/8/27.

لقمة العيش لدى الصياد الغزي نبيل، مغمسةٌ بالمطاردة والحرمان والابتزاز، فالزوارق البحرية الإسرائيلية اعتقلته مع مجموعة من الصيادين في أثناء تواجدهم على ظهر قارب مقابل الواحة شمال غزة، وهنا بدأ مشوار التحقيق والابتزاز مع نبيل: "انتقل ضابط المخابرات إلى مسلسل الابتزاز من خلال عرض المساعدة بالمال، مقابل التعاون معهم، وعند رفضي وبعد ساعات من المحاولات، طلبت دخول الحمام وبعد فترة سمح لي لأتفاجأ بوجود مجلات إباحية وصور عارية داخل الحمام لأخرج بسرعة". وقد ذكر بعض الصيادين أن المخابرات الإسرائيلية تضع كاميرات مراقبة مخفية لتسجيل المقابلة لتتعرف إلى نفسية الصياد والكاميرات كذلك موجودة داخل الحمام، لمعرفة مدى استجابة الصياد لهذه الصور الإباحية، وفي حال الاستجابة يتم استكمال المسلسل من خلال تعرضه لمغريات أكبر عبر المجندات، ليتم تصويره في أوضاع مشينة لابتزازه.

➤ جريدة **المستقبل**، بيروت، 2010/1/18.

... ورفض!

شاب فلسطيني يطرد من عمله لرفضه تقديم خدمة تجارية لتسيبي ليفني

خسر الطالب الجامعي جبران عبد الفتاح (فلسطينيي 48) وظيفته بعد أن رفض تقديم خدمة تجارية لوزيرة خارجية "إسرائيل" تسيبي ليفني Tzipi Livni، وذلك احتجاجاً على تصريحات لها قالت فيها إن قيام الدولة الفلسطينية هو "حلّ قومي لفلسطينيي 48".

ويعمل عبد الفتاح (22 عاماً)، الذي يرأس لجنة الطلاب العرب في جامعة تل أبيب، على الصندوق في شبكة صيدليات "سوبر فارم" Super Pharm في تل أبيب، من أجل تمويل تكاليف دراسته الجامعية. وكانت ليفني تتسوق في المكان الذي يعمل به عبد الفتاح وعندما اقتربت منه لتدفع حساب أغراض اشترتها، بادرها بالقول "إنني هنا لأخدم الجميع، ولكن باستثنائك أنت، احتجاجاً على تصريحاتك العنصرية الأخيرة".

وأصيبت ليفني بالذهول والحرج، وسارع أحد حراسها لاستدعاء المدير المناوب في الصيدلية للتدخل، فما كان من المدير سوى أن أمر بوقف عبد الفتاح عن العمل ومن ثم تمّ فصله. وأوضح عبد الفتاح: "لم يكن بإمكاني أن أتصرف بشكل مخالف، وأنا أرى ليفني تقترب مني، وقبل أيام أطلقت تصريحات تهدد بقائي أنا وأبناء شعبي في هذه البقعة من أرض الوطن".

➢ جريدة **الغد**، عمّان، 2007/11/26.

ومن الجدير هنا الإشارة إلى بعض التجمعات العمالية التي أسسها اللاجئون في أماكن لجوئهم، مثل تجمع عمال سكة الحديد، وعمال مصفاة حيفا، وموظفي سلطة الانتداب البريطاني للمطالبة بحقوقهم المادية.

ولقد عادت الحركة العمالية الفلسطينية إلى الواجهة أوائل الستينيات، لتمهّد لبداية عمل وطني فلسطيني يجمع تحت سقفه العمال الفلسطينيين في الضفة والقطاع وفي تجمعات اللاجئين. ففي سنة 1964، تأسس الاتحاد العام لعمال فلسطين وعقد مؤتمراً في غزة بحضور ممثلين عن العمال الفلسطينيين في مصر وقطاع غزة والضفة الغربية ولبنان والعراق والكويت والأردن. وانضمّ هذا الاتحاد رسمياً إلى منظمة التحرير الفلسطينية في السنة ذاتها، وافتتح فروعاً له في الدول والمناطق المذكورة أعلاه إلى جانب سورية[18]. ولعب الاتحاد دوراً أساسياً في المسيرة الوطنية التي قادتها منظمة التحرير الوطنية الفلسطينية منذ ذلك الحين، إلا أن نشاطه انحسر تدريجياً خاصة مع وفاة عدد من قياداته، لعل من أبرزهم حسني صالح الخفش، وزكي الشيخ ياسين.

وما زال هذا الاتحاد قائماً حتى اليوم، وإن كان عمله يقتصر على الجانب العملي النقابي البحت[19]. وبعد اتفاقية أوسلو Oslo Accords وقيام سلطة الحكم الذاتي، انحسر العمل النقابي الفلسطيني إلى داخل الأراضي المحتلة سنة 1967؛ وعانى في نشاطه النضالي من ممارسات الاحتلال التعسفية. ومن التجمعات العمالية الفلسطينية الحالية نذكر أيضاً "الاتحاد العام لنقابات عمال فلسطين على الأراضي الفلسطينية" الذي تأسس سنة 1992، وحتى سنة 2010 كان يضم 14 نقابة عمالية، وحوالي 350 ألف عامل وعاملة في الضفة الغربية وقطاع غزة[20].

ختاماً يبقى التأكيد على أن لا نحصر دراسة الدور العمالي بالمفاهيم العمالية البحتة كـ"تنظيم" أو "نقابة" أو "تجمع"، حيث إن العمال جزءٌ لا يستهان به من الشعب الفلسطيني، ويؤثرون على كافة شرائح المجتمع، ويلعبون دوراً كبيراً في المجال الوطني. ويجب النظر بعين الاعتبار إلى الحركة الشعبية للعمال، فمثلاً خلال الانتفاضة الأولى، شكّل عزوف ما يقارب 70% من العمال الفلسطينيين داخل "إسرائيل"، من أصل 155 ألف عامل، عن ممارسة أعمالهم، نموذجاً لتطور الوعي الفلسطيني الاجتماعي تجاه إمكانية فرض واقع جديد في الصراع. ولقد تميزت هذه الحركة بأنها كانت شعبية وصادقة، وخارجة عن سيطرة القيادات الفلسطينية السياسية، وبالتالي فإنها كانت أقوى من الضغوط وإملاء الخيارات السياسية والدولية، وتعبّر بحقّ عن إرادة الشعب الفلسطيني[21].

ثالثاً: سياسات الاحتلال الإسرائيلي لخنق الاقتصاد الفلسطيني: السكان والأرض والموارد

عملت "إسرائيل" منذ احتلالها لفلسطين على خنق أية إمكانية لقيام اقتصاد فلسطيني مستقل، وفرضت العديد من السياسات والقيود التي تجعل الفلسطينيين تابعين اقتصادياً لسلطة الاحتلال تبعية كاملة، بهدف إذلالهم في تأمين لقمة عيشهم واحتياجاتهم.

وتكشفت هذه النوايا الإسرائيلية بوضوح عشية حرب سنة 1967 واحتلال الضفة الغربية وقطاع غزة، حيث شكّلت سلطة الاحتلال لجنة اقتصادية من بنك "إسرائيل" المركزي ولجنة الإحصاء المركزية، بهدف ربط الاقتصاد الفلسطيني بالاقتصاد الإسرائيلي، وجعله سوقاً خاصاً للسلع الإسرائيلية، ومصدراً للعمالة ومعبراً للانطلاق إلى السوق العربية[22].

طالت هذه السياسة الإسرائيلية كافة مقوّمات "الحياة الاقتصادية" في الضفة الغربية وقطاع غزة، حيث:

• استهدفت المجتمع الفلسطيني بـ"سياسة الباب المفتوح" open door policy والتي تهدف إلى رفع متطلبات الفرد الاستهلاكية، بينما تقتل في الوقت ذاته قدرات المجتمع الاقتصادية الإنتاجية. وكان موشيه دايان Moshe Dayan أول من باشر سنة 1968 بتطبيق هذه السياسة، التي سمحت للعمال الفلسطينيين بالعمل داخل أراضي 1948 "إسرائيل"، وتحكّمت بالواردات والصادرات بحيث تتدفق البضائع الإسرائيلية إلى أسواق الضفة والقطاع بأسعار مدعومة، بينما كانت المنتجات الفلسطينية تخضع لعوائق مختلفة أبرزها الزيادات الضريبية الباهظة، في حال أريد إدخالها إلى الأسواق الإسرائيلية. كما منعت استثمار رؤوس الأموال الإسرائيلية في المناطق الفلسطينية، لتفرض بذلك نوعاً من التبعية الاقتصادية المطلقة على الفلسطينيين؛ حيث تكون "إسرائيل" المصدر الرئيسي والوحيد للوظيفة والدخل، وكذلك السوق الرئيسية للتبادل التجاري[23].

اقتصاد تحت الاحتلال: بضائع فلسطينية تنتظر إذن الاحتلال لتصديرها عبر معبر ترقوميا.

وتقدّر الإحصائيات أنه بين عامي 1970-1993، شكّلت حصة المبادلات التجارية مع "إسرائيل" أو من خلالها أكثر من 85% بالمتوسط (90% صادرات، و70% واردات) من إجمالي حجم التجارة الخارجية الفلسطينية. كما تشير الإحصائيات للفترة ذاتها أن أكثر من 35% من القوى العاملة في قطاع غزة، وبين 25-30% من القوى العاملة في الضفة الغربية كانوا يعملون داخل "إسرائيل". ولقد كان العمل داخل "إسرائيل" يشكل حوالي ربع قيمة الناتج القومي الإجمالي الفلسطيني، مع الإشارة هنا إلى أن نوعية هذا العمل وظروفه كانت الأسوأ من حيث استغلال ظروفهم، حيث لم تتعدَّ أجورهم نسبة 30-50% من أجور أمثالهم من الإسرائيليين. كما أن هذه العمالة بقيت مقتصرة على قطاعات يدوية وتسخيرية بحتة، خاصة أعمال الزراعة والبناء، مما شكل عائداً سلبياً على غالبية العمال الفلسطينيين المتعلّمين، والذين كانت تدفعهم الحاجة للعمل بها24.

"هذا أفضل من أن لا نعمل بتاتا" يقول محمد، 35 عاماً، عن عمله في مصنع الكرتون في أحد المناطق الصناعية الإسرائيلية، وهو أب لخمسة أولاد، ويعمل ستة أيام في الأسبوع، تسع ساعات في اليوم، مقابل ما يقل عن الحد الأدنى الإسرائيلي للأجور. ويشعر أنه محظوظ، إذ يستطيع أن يوفر الغذاء لأسرته وإرسال أبنائه إلى المدارس.

ولكنه أحياناً صامت وخائف. فإذا مرض أو تأخر عن العمل أو طلب علاوة على مرتبه، يفصله صاحب العمل. وقد حدث ذلك في الماضي. فالعمال الذين تأخروا عوقبوا ولم يعملوا أو لم يحصلوا على أجر أسبوع على الأقل. المتمردون والمرضى والضعاف يفصلون على الفور. "يمكن أن يجد صاحب العمل عشرات آلاف العمال مكاني في لحظة"، يقول. لهذا، يخرج كل صباح من بيته قبل الساعة الخامسة، ولا يطالب بمرتب الحد الأدنى، ويعمل حينما يكون مريضاً وخلال أيام عيد الأضحى، ولم يحصل على إجازة بتاتاً.

❯ واقع العمال الفلسطينيين في المناطق الصناعية الإسرائيلية الكئيب؛ دون قوانين أو حقوق، موقع عرب 48، 2007/4/14.

• صادرت "إسرائيل" مساحات شاسعة من الضفة والقطاع أو أعلنتها مناطق عسكرية مغلقة؛ ووضعت البنية التحتية لبناء شبكة من المستعمرات، تقطّع أوصال المناطق الفلسطينية خاصة في الضفة الغربية وحول القدس. وغدت الضفة الغربية بذلك أقرب للجزر المعزولة عن بعضها البعض، حيث تفصلها الحواجز الإسرائيلية والمعابر وشبكات الطرق الخاصة بالمستوطنين والأسيجة، مما يعيق التواصل الجغرافي اللازم لأية حركة اقتصادية. كما منعت سلطات الاحتلال العديد من المزارعين الفلسطينيين من الوصول إلى أراضيهم واستغلالها[25].

دورية جنود إسرائيليين في الخليل في أثناء منع التجول.

➢ تصوير: ناتي شوحاط، رويترز، 2003/6/24.

• نهبت "إسرائيل" موارد الضفة الغربية وقطاع غزة، الطبيعية مثل المياه، والمادية عبر الضرائب الباهظة التي فرضتها على الفلسطينيين. وقد قدّر مجموع ما تنهبه "إسرائيل" من مياه الضفة الغربية بثلثي كمية المياه المستخرجة في تلك الفترة 1967-1994؛ وكان معدل المياه المتوفرة لاستهلاك الفرد من سكان المستعمرات الإسرائيلية في الضفة الغربية، يساوي خمسة أضعاف تلك المتوفرة لاستخدام الفرد الفلسطيني. أما الضرائب، فتراوحت قيمتها بين 16-48% من مدخول الفرد الفلسطيني، يدفعها لسلطة الضرائب الإسرائيلية. بالإضافة إلى أن عائدات الضرائب التجارية داخل الضفة الغربية وقطاع غزة، كانت تذهب أيضاً للخزينة الإسرائيلية،

بدلاً من استخدامها لتنمية الاقتصاد الفلسطيني، خاصة أن قيمتها كانت تقدّر بحوالي 8% من إجمالي الناتج المحلي للضفة والقطاع.

وبعد توقيع اتفاقية أوسلو، بدا للوهلة الأولى أن هذه الاتفاقية ستمنح الفلسطينيين بعض الاستقلالية في إدارة شؤونهم، وتفتح الآفاق لبناء اقتصاد خاص بهم، بناءً على الاتفاق الاقتصادي الموقّع بتاريخ 1994/4/29 بين منظمة التحرير الفلسطينية وسلطات الاحتلال الإسرائيلية في باريس (يعرف أيضاً باسم بروتوكول باريس Paris Protocol). إلا أن هذا الاتفاق فعلياً لم يغير شيئاً بل كرّس التبعية. فسلطة الحكم الذاتي التي تأسست في الضفة الغربية وقطاع غزة، لتدير أوضاع الفلسطينيين، لم تتّسع سلطتها حتى سنة 2000 إلا إلى حوالي 18% من مساحة الضفة الغربية (المنطقة "أ") والباقي إما تحت إدارة مشتركة مع الاحتلال (21% وهي المنطقة "ب") أو تحت السيطرة الكاملة من قبل الاحتلال (61% تقريباً، المنطقة "ج")، مع تحكم الاحتلال الكامل بالمنافذ البرية والبحرية والجوية. وفي قطاع غزة لم يختلف الأمر كثيراً، حيث إن الإدارة الكاملة التي أعطيت للسلطة الوطنية الفلسطينية على حوالي 85% من الأرض، كانت مقيدة بواقع أن سلطات الاحتلال هي من يتحكم بكافة منافذ القطاع البحرية والجوية والبرية.

وعلى الصعيد الاقتصادي، تمّ تأسيس نوع من الاتحاد الجمركي بين "إسرائيل" وسلطة "الحكم الذاتي"، إلا أن سلطات الاحتلال ظلت هي الوحيدة المخوّلة بجمع الضرائب الجمركية وإعطائها للسلطة الفلسطينية (لاحقاً صارت تستخدمها كورقة ضغط، حيث كانت تشكل مصدر دخل مهم للسلطة الفلسطينية). وأعطيت الأخيرة إمكانية عقد الاتفاقيات التجارية مع دول أخرى، إلا أن هذه الإمكانية كانت مشروطة ببضائع معينة، تمّ تحديدها مسبقاً من قبل سلطات الاحتلال،

لا تشكل أكثر من 7% من التجارة الفلسطينية. ثمّ إن جميع البضائع المستوردة أو المصدّرة من مناطق "الحكم الذاتي" يجب أن تمر على مناطق تفتيش إسرائيلية، وتخضع للرسوم وسياسات الاستيراد والتصدير الإسرائيلية. كما فرض هذا الاتفاق قيوداً على العمالة الفلسطينية القادمة من الضفة وغزة للعمل في "إسرائيل"، مما هدّد حوالي ثلث القوة الفلسطينية العاملة بالبطالة[26].

مجموعة من مخالفات السير لسائق تكسي، إذ تمرر الشرطة الإسرائيلية مخالفات سير بالجملة للسائقين الفلسطينيين الذين يستخدمون الشوارع التي يسير بها المستوطنين.

◀ تصوير: إليعيزر موآف، بتسيلم، 2004/7/6.

كما لم تتضمن اتفاقية أوسلو أية بنود بخصوص ممارسات "إسرائيل" التوسعية في الضفة الغربية من استيطان ومصادرة أراضٍ وحواجز. وقدّر عدد المستعمرات سنة 1993 في الضفة الغربية (بما فيها شرقي القدس) بحوالي 159 مستعمرة يقيم فيها حوالي 280 ألف مستوطن[27]. وقد توسعت الحملات الاستيطانية بعد أوسلو؛ وباشرت "إسرائيل" بناء جدار الفصل العنصري؛ واستمرت بممارساتها من مصادرات للأراضي ونهب للموارد الطبيعية وتقطيع الأوصال الجغرافية للضفة الغربية، مما يعيق أية إمكانية لبناء أي اقتصاد فلسطيني حقيقي أو دولة فلسطينية ذات سيادة. وبحسب إحصائيات 2009، فقد بلغ عدد المستعمرات في الضفة الغربية (بما فيها شرقي القدس) 199 مستعمرة، يضاف إليها أكثر من 230 موقع استيطاني "غير مرخص"[28]، ويقيم فيها نحو 550 ألف مستوطن.

جندي إسرائيلي يخضع عمالاً فلسطينيين للتفتيش، عند حاجز جيلو بالضفة الغربية.

➢ تصوير: ماجنوس يوناتان، رويترز.

رابعاً: الاستهداف المباشر للعمال الفلسطينيين (القتل، الإصابة، الاعتقال، الإهانة)

لا تُذكر المجازر الإسرائيلية بحق الشعب الفلسطيني، إلا وتُذكر معها مجزرة عيون قارة؛ هذه المجزرة التي جسّدت في وقائعها وتفاصيلها معاناة العامل الفلسطيني. فقد ارتكبت على يد مستوطن إسرائيلي (جندي احتياط)، ولقيت تغطية وحماية من جيش الاحتلال؛ واستغلّ مرتكبها معاناة العمال في حواجز التفتيش واعتراض طريقهم، ليفجّر عنصريته ويطلق النار عليهم بعد أن تأكّد من جميع هوياتهم بأنهم "عمال عرب".

حدثت المجزرة بتاريخ 1990/5/20، عندما ارتدى المستوطن الإسرائيلي وجندي الاحتياط عامي بوبر Ami Popper سترته العسكرية، وتوجه إلى موقف للعمال الفلسطينيين، وجمع عدداً من العمال وطلب منهم الركوع لتفتيشهم. ثم

لما تأكد أنهم جميعاً من العرب (جميع العمال الضحايا كانوا من قطاع غزة) أطلق النار عليهم عشوائياً مما أدى لاستشهاد سبعة على الفور، وجرح العشرات. وقد فاقم من عدد الجرحى والشهداء تدخل جيش الاحتلال لقمع العمال الآخرين بدلاً من القبض على بوبر، الذي تمكن من الفرار حينها[29]. وقد أدت تلك الأحداث إلى اشتداد أحداث الانتفاضة الأولى من جديد، لتعمّ مختلف أنحاء الضفة والقطاع.

الاحتلال يكسر أقدام ثلاثة عمال فلسطينيين ويعتقل رابعاً

اعتدت قوات الاحتلال الإسرائيلية بالضرب على أربعة عمال فلسطينيين في محافظة بيت لحم بالضفة الغربية. وذكرت مصادر فلسطينية أن القوات الإسرائيلية طاردت العمال خلال توجههم إلى عملهم، فكسرت أقدام ثلاثة منهم، واعتقلت الرابع، وذلك قرب قرية الولجة غرب بيت لحم. وأوضحت المصادر أنه جرى نقل المصابين إلى مشفى بيت جالا الحكومي في بيت لحم لتلقي العلاج، فيما لا يزال مصير العامل الرابع مجهولاً.

◄ الدستور، 2009/12/31.

ويتخذ استهداف العمال أشكالاً متعددة، لكن أبرزه يتمّ على الحواجز ونقاط التفتيش فيما بات يعرف لدى الفلسطينيين بـ "رحلة الموت اليومية"؛ كما لا يخلو الأمر من "حوادث" استهداف عشوائي يرتكبها جنود الاحتلال أو المستوطنين (بحماية أو تغطية جنود الاحتلال) بحق العمال الذاهبين أو العائدين من عملهم.

كما يتراوح هذا الاستهداف في طبيعته، بدءاً من الاستهداف المعنوي بالمضايقات والإذلالات، وصولاً للاستهداف المباشر بالرصاص الحي والإصابة والقتل.

أمّا عن وتيرته، فلا توجد إحصائيات محددة عن العمال، لكن توجد ضمن الإحصائيات العامة المتوفرة منذ تاريخ بدء انتفاضة الأقصى (أيلول/ سبتمبر 2000) أرقام تخصّهم، كعدد الشهداء والجرحى ضمن قطاع مهني محدد مثل الصحفيين، والمسعفين والأطباء، والصيادين؛ وكذلك الأمر بالنسبة للاستهدافات المباشرة لمصادر رزق العمال (الأراضي والمنشآت والبنية التحتية) والحد من حريتهم وقدرتهم على التحرك، أو على نقل البضائع والمواد التي يحتاجونها (حركة المعابر والإغلاقات، وحواجز ونقاط التفتيش...).

مطر خمايسة، تاجر خضار، من سكان جنين. في 2006/8/1، اعتدى عليه جنود الجيش الإسرائيلي بالضرب ونكلوا به بالقرب من قرية رامين، محافظة طولكرم.

◄ تصوير: عاطف أبو الرب، بتسيلم، 2006/8/7.

أما الإحصائيات المتعلقة بالاستهداف المباشر، فسنبدأ بأعمّها، وهي الإحصائية التي تدرج مجمل الاستهدافات للشعب الفلسطيني منذ بدء انتفاضة الأقصى في 2000/9/29 وحتى 2011/1/31؛ حيث بلغ عدد الشهداء الفلسطينيين على أيدي قوات الاحتلال 7,406 شهيداً، في حين قدر عدد الجرحى بحوالي 51,292 جريحاً. كما قدّر عدد من تعرّضوا لإعاقة دائمة أو شوهوا جراء الإصابة بحوالي 3,643 فرداً[30].

أما الاعتقال، فتشير الاحصائيات إلى أن قوات الاحتلال اعتقلت منذ 1967 ما يزيد عن 750 ألف مواطن فلسطيني، سبعون ألفاً منهم اعتقلوا بعد انتفاضة الأقصى. وحتى تاريخ 2010/10/10 كان هناك حوالي 6,700 أسير في سجون الاحتلال، يعيشون ظروف لا إنسانية، وتنتهك حقوقهم كأسرى[31].

ويصلح كنموذج في هذا المجال، التقرير الصادر عن المكتب الإعلامي للاتحاد العام لنقابات عمال فلسطين عن الفترة 2005/7/1-2005/9/30، إذ يشير التقرير إلى مقتل أربعة عمال وإصابة 15 بجروح مختلفة، وإلى إعتقال 1,084 عامل خلال الفترة قيد التقرير فقط. ومن الملفت للنظر ارتفاع وتيرة الحوادث النوعية التي يذكرها التقرير بناء على إفادات العمال والشهود، فمثلاً في 2005/7/2 نكل جنود الاحتلال بسائق السيارة العمومي فؤاد إبراهيم ريان (35 عاماً) وأصابوه برضوض وكدمات بالغة، و لم يكتف جنود الاحتلال بالتنكيل بالسائق بل تعمدوا التبول عليه، وأجبروه على خلع ملابسه بالكامل، وانهالوا عليه بالضرب بأعقاب البنادق والهراوات، وركله في المناطق الحساسة من جسمه. واستمر الاعتداء عليه زهاء الساعة، وسط ضحكات واستهزاءات الجنود إلى أن أطلقوا سراحه مع إطلاق تهديدات بقتله[32].

وفي 2005/7/22 اعتدت قوات الاحتلال على عدد من الباعة المتجولين على مشارف بلدة الرام شمال القدس بالضرب المبرح والشتم، واستولت على بسطاتهم وسرقت بضائعهم في سياسة تضاعفت خلالها الاعتداءات والاستفزازات الإسرائيلية بحق الباعة[33].

وائل أبو رميلة الذي تمّ الاعتداء عليه من قبل الجنود الإسرائيليين بالضرب وقصّ شعره عنوة، داخل صالون للحلاقة يعمل فيه في مدينة الخليل في كانون الأول/ ديسمبر 2002.

◄ تصوير: موسى أبو هشهش، بتسيلم، 2002/12/23.

وفي اليوم التالي، اعتدت قوات الاحتلال الإسرائيلي .بمساندة مجموعة من المستوطنين على عمال الإغاثة الزراعية في أثناء قيامهم باستصلاح أراضٍ زراعية في بلدة الخضر وتعود الأراضي للمزارع عماد إسماعيل صبيح، وتمت مصادرة الآليات الزراعية إلى منطقة تبعد حوالي 500 م عن الموقع، وتمّ العبث بها، و لم يقتصر الأمر عند هذا الحد، بل استولى أحد المستوطنين ويدعى حنانيا على أكثر من ثمانية دونمات زراعية، وأقام عليها بيتاً متنقلاً مما يكرس سياسة الاستيطان والاستيلاء عنوة على أراضي المزارعين ومنعهم من الوصول إلى أراضيهم [34].

وفي 2005/8/26 اعتدى عدد من المتطرفين اليهود على محال تجارية في شارع باب السلسلة المفضي إلى المسجد الأقصى في البلدة القديمة، بحماية من جنود الاحتلال وشرطته، وقاموا بتصرفات إجرامية واستفزازية [35].

43

ويعكس هذا السرد التقريري أيضاً تنوع أشكال هذه الانتهاكات، وأن مرتكبيها ليسوا دائماً جنود الاحتلال، بل هم أحياناً من المستوطنين بحماية جنود الاحتلال؛ وهم في الجريمة سواء.

وللتفصيل في معاناة قطاعات محددة من العمال، مستهدفة من قبل الاحتلال بشكل مباشر، نذكر:

1. استهداف المسعفين والأطقم الطبية: يعدّ القطاع الصحي العمود الفقري لصحة المجتمعات وسلامة أفرادها؛ وفي ظلّ الاحتلال واعتداءاته المتكررة على الشعب الفلسطيني، تزداد مسؤولية العاملين في هذا القطاع خاصة، بالنظر مثلاً إلى ضخامة أعداد القتلى والجرحى المذكورة آنفاً، تضاف إليها ممارسات منع التجول وتقييد الحركة والواردات والصادرات، بما فيها المواد واللوازم الطبية ومنع وصول الإسعافات والمسعفين إلى أماكن الجرحى أو المرضى، أو استهدافهم؛ وجميع هذه من الممارسات تعد انتهاكات جسيمة لاتفاقية جنيف Geneva Convention بحسب المادة 85 من البروتوكول الإضافي الأول للاتفاقية ذاتها. وتنص الاتفاقية في المادة 12 على أن احترام الوحدات الطبية وحمايتها وضمان عدم تعرضها لأي هجوم هو أمر واجب في كل الأوقات، كما تلزم المادة 15 دولة الاحتلال بتقديم كل مساعدة ممكنة لأفراد الخدمات الطبية المدنيين في الأقاليم المحتلة، لتمكينهم من القيام بمهامهم الإنسانية على الوجه الأكمل؛ ويعد انتهاكاً لهذه الاتفاقيات أي استهداف متعمد لرجال المهمات الطبية، أو طواقم العمل الإنساني ووسائط نقلهم أو مستشفياتهم ومراكزهم الصحية المختلفة[36].

سيارة الإسعاف التي سافر فيها محمود زقوت، عضو الطاقم الطبي الذي قتل في 2008/3/1، عندما حاول إخلاء جرحى في منطقة جبل الكاشف إلى الشرق من جباليا. وقد قُتل محمود زقوت بعد أن أطلقت مروحية تابعة لجيش الاحتلال الإسرائيلي صاروخاً عليه.

◄ تصوير: خالد عزايزة، بتسيلم، 2008/3/6.

وبخلاف ذلك، تعيق سلطات الاحتلال عمل الطواقم الطبية الفلسطينية بذرائع أمنية واهية، بل وتستهدفهم بشكل مباشر في أحيان كثيرة. وقد بلغ عدد الشهداء من الطواقم الطبية والمسعفين منذ بدء انتفاضة الأقصى وحتى نهاية نيسان/ أبريل 2007، بحسب تقديرات المركز الفلسطيني لحقوق الإنسان 25 شهيداً، يضاف إليهم على الأقل سبعة استشهدوا خلال الفترة 2008/12/27-2009/1/13 بحسب المركز نفسه؛ مما يرفع المجموع إلى 32 شهيداً على الأقل. أما الجرحى فيقدّر عددهم بحوالي 510 أشخاص منذ نهاية أيلول/ سبتمبر 2000 وحتى نيسان/ أبريل 2007. ولا تذكر التقارير التالية أرقاماً محددة عن الجرحى من الطواقم الطبية، أو عدد سيارات الإسعاف المستهدفة منذ بدء انتفاضة الأقصى وحتى سنة 2011، أو المستشفيات ومراكز الرعاية الصحية المستهدفة، إلا أنها تذكر على سبيل المثال في تقريرها عن الفترة 2005/1/1-2007/4/30 تعرض أكثر من 13 سيارة إسعاف ووسيلة نقل طبية إلى أضرار جسيمة جراء تعرضها لعمليات إطلاق النيران، وإصابتها

بشظايا القذائف الصاروخية التي أطلقتها القوات الحربية المحتلة تجاهها؛ وكذلك تعرض أكثر من عشرين من المستشفيات الميدانية والثابتة والعيادات والمستوصفات الطبية والمراكز الصحية لعمليات اقتحام وتدمير وتخريب وأضرار جسيمة خلال الفترة ذاتها.

وتنبّه تقارير المركز إلى أن أرقام الجرحى والشهداء هذه تركز فقط على أعضاء الطواقم، الذين استشهدوا في أثناء تأدية مهامهم الإنسانية، والمتمثّلة في إجلاء الضحايا أو نقل الجرحى وإسعافهم، دون أن تذكر مثلاً الشهيد د. ثابت ثابت الذي تعرض لجريمة اغتيال سياسي في 2000/12/31، أو أخصائي الأشعة الشهيد محمود زحايكة الذي قتل بدم بارد في 2002/5/18 على أيدي قوات الاحتلال الإسرائيلي، أو الممرض أحمد عناب الذي قتل في أثناء عودته إلى منزله من مكان عمله في مستشفى رفيديا. وتجب الإشارة هنا أيضاً إلى أن كافة المؤسسات الصحية في الضفة الغربية وقطاع غزة تظهر طبيعتها وبشكل واضح ومميز، عبر يافطات مكتوبة باللغتين العربية والإنجليزية وأعلام مرفوعة بأعلى مبانيها[37].

وتظهر تقارير جمعية الهلال الأحمر الفلسطيني حجم استهداف الاحتلال المباشر للمسعفين والطواقم الطبية بشكل أكثر وضوحاً، إذ تشير تقارير الجمعية عن الفترة 2000/9/28-2009/9/30 أن عدد الشهداء من طواقم الجمعية بلغ 17 شهيداً، وعدد الجرحى 2,424 جريحاً، والمعتقلين 87 معتقلاً؛ في حين قدرت الاعتداءات المباشرة على طواقم الجمعية وسيارات الإسعاف خلال الفترة ذاتها بحوالي 476 وعدد سيارات الإسعاف المتضررة 191 سيارة، تضاف إليها 34 سيارة إسعاف دمرت بالكامل؛ وقدّرت عدد حالات الإعاقة ومنع المرور بحوالي 3,368 حالة، مما يجعل مجموع الانتهاكات خلال هذه الفترة حوالي 4,415 انتهاكاً. ورصد

التقرير السنوي لسنة 2010 للجمعية 161 انتهاكاً جديداً تَمَثَّل معظمها بحالات الإعاقة ومنع المرور، ممّا رفع مجموع الانتهاكات منذ بدء انتفاضة الأقصى حتى نهاية سنة 2010 إلى 4,576 انتهاكاً على الأقل[38].

وتشير بعض التحقيقات إلى أن عمليات قتل وإصابة أعضاء الطواقم والفرق الطبية، على أيدي قوات الاحتلال الإسرائيلي، لم تكن تتم فقط بسبب الاستخدام المفرط للقوة العشوائية في معظم الأحيان، وعدم تفريق هذه القوات بين العسكريين من ناحية والمدنيين ورجال المهمات الطبية من ناحية ثانية؛ بل كانت عمليات تهدف، وبشكل واضح، إلى ترويع رجال المهمّات الطبية، وإلى منعهم من تقديم أي نوع من الخدمات الصحية والعلاجية للجرحى والمرضى[39]. ولا تمثل هذه الانتهاكات مجرد اعتداء على حقّ المسعفين وأفراد الطواقم الطبية في ممارسة عملهم فحسب، بل إنها أيضاً تمس حقّ العديد من أبناء الشعب الفلسطيني لما تتسبب به من تدهور حالة العديد من المرضى والجرحى، الذين ينزف البعض منهم حتى مفارقة الحياة. ويقدّر مركز المعلومات الإسرائيلي لحقوق الإنسان في الأراضي المحتلة (بتسيلم) The Israeli Information Center for Human Rights in the Occupied Territories (B'Tselem) عدد القتلى الفلسطينيين الذين توفوا بسبب حرمانهم من حقّ تلقي العناية الطبية، خلال الفترة 2000/9/29-2011/5/31 بحوالي ثمانين قتيلاً[40].

وتتضمن تقارير المنظمات الدولية والجمعيات والهيئات المعنية بالشأن الصحي الفلسطيني عشرات الحالات من انتهاكات بحق العاملين في المجال الصحي. فيروي مثلاً خالد أبو سعدة (43 عاماً)، وهو سائق سيارة إسعاف، كيف أطلقت دبابة إسرائيلية قذيفة مباشرة على سيارته في أثناء قيامهم بإسعاف الجرحى في

بيت لاهيا في 2009/1/4، مما أسفر عن مقتل عشرة أشخاص، وإصابة عدد آخر بجروح، من بينهم المسعفَيْن اللذين يرافقانه، وقد توفي أحدهما لاحقاً متأثراً بجراحه[41]. أما المسعف أحمد عبد الباري أبو فول (25 عاماً)، فظلَّ يعيش آثار الصدمة لهول ما مرّ به في 2009/1/12، عندما استهدفت قوات الاحتلال طواقم الإسعاف خلال قيامها بإجلاء الضحايا عن أحد المباني في مدينة غزة، فأصابت زميله الطبيب عيسى صالح، وفصلت رأسه عن جسده، ليرتطم الرأس المفصول بالمسعف[42].

2. استهداف الصحفيين: في ظلّ ما يترتّب على عمل الصحفيين من كشف لحقيقة الممارسات الإسرائيلية الاحتلالية البشعة والجرائم المتعددة، فإن هذه الممارسات امتدّت لتشملهم بدائرة استهدافها، على الرغم من أن المادة 79 من البروتوكول الأول الإضافي لاتفاقية جنيف الرابعة Fourth Geneva Convention الخاصة بحماية المدنيين وقت الحرب 1949، تنصّ على أنّه "يعدّ الصحفيون الذين يباشرون مهمات مهنية خطرة في مناطق النزاعات المسلحة أشخاصاً مدنيين"... وبالتالي "يجب حمايتهم بهذه الصفة.بمقتضى أحكام الاتفاقيات وهذا البروتوكول شريطة ألا يقوموا بأي عمل يسيء إلى وضعهم كأشخاص مدنيين"[43].

الجيب المحطم التابع للصحفي فضل شناعة الذي قتله جيش الاحتلال الإسرائيلي في غزة في 2008/4/16.

◄ تصوير: محمد صباح، بتسيلم، 2008/5/12.

"... كان ضابط القوة العسكرية التي تواجدت وانتشرت في المنطقة يتصرف بعنجهية وتحريض وعنف ضدّ العاملين بالطواقم الصحفية، وأثناء قيامي بالتصوير، تقدم مني الضابط ليجبرني على وقف التصوير، وضربني على أنفي مباشرة، بواسطة عصا خشبية مما أدى ذلك لجرح سطحي في أنفي. ومن ثم اقترب الضابط نفسه مع بعض جنوده مني مرة أخرى وقام بركلي مباشرة بقدمه على عصب ساقي اليسرى، فأحدث لي جرحاً سطحياً آخر، قبل أن يقوم بقذف قنبلة صوتية بين ساقي، حيث أجبرني ذلك للسقوط على الأرض، من جراء آلام الضرب وشظايا القنبلة الصوتية. وعلى الرغم من طلبي للإسعاف، ومحاولة زملائي الاقتراب مني، إلا أن الضابط منع ذلك وقال لي إنه هو ذاته طبيب ويرفض السماح بإسعافي. وبالفعل بقيت حوالي ثلاثين دقيقة على الأقل، ملقى على الأرض، قبل ابتعاد الضابط وجنوده عن الموقع، والسماح لطاقم سيارة الإسعاف بنقلي إلى المستشفى الأهلي في الخليل، برفقة الزميل المصاب عبد الرحيم قوصيني".

إفادة المصور الصحفي حازم بدر (وكالة الأنباء الفرنسية)، وأصيب معه في الحادثة ذاتها عبد الرحيم قوصيني (مصور/ وكالة رويترز)، وعبد الحفيظ الهشلمون (مصور/ وكالة الأنباء الأوروبية)، ومحمد عياد عوض (مصور/ مركز المعلومات الإسرائيلي لحقوق الإنسان في الأراضي المحتلة – بتسيلم)، واحتجز فيها أيضاً الصحفي إياد حمد (مصور/ وكالة آسوشيتد برس).

◄ المركز الفلسطيني لحقوق الإنسان، "إخراس الصحافة: التقرير الثالث عشر: توثيق انتهاكات قوات الاحتلال الإسرائيلي بحق الطواقم الصحفية العاملة في الأرض الفلسطينية المحتلة 2009/9/1-2010/10/31"، 2010/12/16.

ولا يتورع الاحتلال الإسرائيلي عن استهداف الصحفيين مباشرة بأشكال استهداف شتى، يمكن تلخيصها في الإطارات التالية: جرائم انتهاك الحق في الحياة والسلامة الشخصية للصحفيين؛ تعرض صحفيين للضرب وغيره من وسائل العنف أو الإهانة والمعاملة الحاطّة بالكرامة الإنسانية؛ واعتقال واحتجاز صحفيين؛ ومنع الصحفيين من دخول مناطق معينة أو تغطية أحداث؛ ومصادرة أجهزة ومعدات ومواد صحفية؛ وقصف أو مداهمة مقرات صحفية والعبث بمحتوياتها؛ ومنع الصحفيين من السفر إلى الخارج؛ ومداهمة منازل صحفيين [44].

ومنذ اندلاع انتفاضة الأقصى في 2000/9/28 وحتى 2010/10/31، وثّق المركز الفلسطيني لحقوق الإنسان 1,251 حالة اعتداء على الصحافة، أبرزها 11 جريمة قتل، و366 حالة إطلاق نار أخرى أدت إلى إصابة 270 صحفياً بجروح مختلفة، و253 حالة تعرض خلالها صحفيون للضرب والإهانة والمعاملة الحاطّة بالكرامة، و298 حالة تعرض فيها الصحفيون للاعتقال والاحتجاز، و120 حالة تمّ فيها منع صحفيين من ممارسة عملهم وتغطية الأحداث، و81 حالة تم فيها مصادرة بطاقات صحفية أو أجهزة ومعدات ومواد صحفية، و94 حالة تعرضت فيها مقرات صحفية للقصف أو المداهمة والعبث في محتوياتها أو الإغلاق، و12 حالة تم فيها منع الصحفيين من السفر للخارج، و16 حالة مداهمة لمنازل صحفيين [45].

ولأن كثرة هذه الانتهاكات لا تسعفنا بذكر حيثياتها جميعاً على تنوع تفاصيلها التي تبرز همجية الاحتلال، نذكر هنا شهادة الصحفي جعفر شتية مصور وكالة الأنباء الفرنسية عن استشهاد نزيه عادل دروزة (46 عاماً، متزوج وأب

لأربعة طفال)، مصور تلفزيون فلسطين ووكالة الأنباء الأمريكية أسوشيتد برس Associated Press، وهي كالتالي:

بتاريخ 2003/4/19، وفي حوالي الساعة السابعة صباحاً، كنا مجموعة من الصحفيين، في منطقة وسط البلد في مدينة نابلس، ... نغطي أحداث المواجهات بين قوات الاحتلال والطلبة الفلسطينيين. احتمينا من رصاص جنود الاحتلال في مدخل أحد المنازل، وبعد أن خلت المنطقة من راشقي الحجارة اعتلى الصحفي دروزة درجاً يؤدي إلى مكتبة بلدية نابلس العامة للوصول إلى مصاب ملقىً على الأرض، وإذ بدبابة إسرائيلية تقف على رأس الدرج، أصبح دروزة على بعد متر واحد منها، وأخذ يصور المصاب. خرج أحد الجنود من الدبابة وصوب سلاحه نحو دروزة. صرخ دروزة وبصوت مسموع للجندي (Press) وأخذ بالرجوع إلى الخلف، إلا أن الجندي أطلق رصاصة واحدة متعمدة باتجاه دروزة أصابته بالرأس من جهة العين اليسرى، أدت إلى تفجر جمجمته وسقط ما فيها على الأرض، توفي على إثرها فوراً. الجدير بالذكر أن دروزة كان يلبس سترة مكتوب عليها وبخط واضح (Press)[46].

ومن الجدير بالذكر، أن جميع الحالات المذكورة في الإحصائية أعلاه (1,251 حالة) هي لصحفيين استهدفوا في أثناء ممارسة عملهم الصحفي، وليست للصحفيين الذين استشهدوا أو أصيبوا او اعتقلوا بالمجمل، وهي إحصائيات مبنية على إفادات ضحايا وشهود وتحقيقات ميدانية تؤكد بما لا يدع مجالاً للشك أنها اقترفت عمداً، وصاحبها استخدام مفرط وغير مبرر للقوة؛ علماً بأن هناك عشرات إن لم يكن مئات الاعتداءات الأخرى غير الموثقة[47].

3. استهداف المزارعين: للوهلة الأولى، يبدو الحديث عن الاستهداف الشخصي المباشر للمزارعين أقل أهمية من استهداف الصحفيين والمسعفين مثلاً، خاصة مع غياب الإحصائيات والمتابعات الدقيقة لاستهدافهم الذي يتركز بغالبيته على منعهم من الوصول إلى أراضيهم أو محاصيلهم، أو تعطيل انتاجهم بشكل أو بآخر حتى لو كان ذلك بحرقه مثلاً (حقول القمح، أشجار الزيتون). لكن هذا لا يعني استثناءهم من دائرة الاستهداف الشخصي المباشر كباقي الفئات العمالية، فمثلاً في 2005/8/28 أصيب المزارع لطفي إبراهيم اشتيه 32 عاماً من قرية سالم بكدمات ورضوض مختلفة في أنحاء متفرقة من جسده، نتيجة الاعتداء عليه من قبل جنود إسرائيليين كانوا يقومون بأعمال الدورية على مقربة من القرية، حيث كان متجهاً لقريته حين أوقفه أربعة جنود إسرائيليين وقاموا بطرحه أرضاً، وانهالوا عليه بالضرب وأشهر أحدهم سكيناً، ووضعها على رقبة المزارع مهدداً بذبحه، ولم تكن هذه الجريمة الأولى بحق المزارع اشتيه، بل تعرض قبل أربع سنوات للمهاجمة وسرقة 140 رأساً من قطيع أغنامه[48].

وتكمن أهمية الحديث عن استهداف المزارعين في أن العديد من الإجراءات المذكورة تستهدفهم خاصة دون غيرهم كفئة عمالية، بهدف ثنيهم عن العمل في أرضهم. فالاحتلال الإسرائيلي يدرك أن للعمل في الأرض وفلاحتها أثرٌ وثيق الصلة بالارتباط بها وعدم التخلي عنها، ولعل المزارع الفلسطيني بذلك يرابط على أولى جبهات الصراع مع الاحتلال وهو الصراع على الأرض، ويتحمل نتيجة لذلك خسائر كبيرة في مصدر عيشه[49]. ويشير تقرير الاتحاد العام لنقابات عمال فلسطين أن للقطاع الزراعي النصيب الأكبر في الانتهاكات والاعتداءات الإسرائيلية التي

تفاوتت بين حرق الأراضي الزراعية وتجريفها، ومصادرتها والاستيلاء عليها عنوة، وهدم البركسات وقتل المواشي والأغنام، واقتلاع الأشجار، وتسميم الأراضي الزراعية، في سياسة تهدف الى تدمير قطاع الزراعة وتكريس سياسة الاستيطان ومصادرة الأراضي[50].

وقدّرت الإحصائيات مجموع مساحة الأراضي المصادرة خلال الفترة 29/9/2000-31/1/2011 بأكثر من 274.4 ألف دونم، في حين بلغ مجموع مساحة الأراضي التي تعرضت للتجريف خلال الفترة ذاتها 83.279 ألف دونم. وقدّر عدد الأشجار المقتلعة بمليون و193,220 شجرة[51].

4. **استهداف الصيادين في قطاع غزة:** قطاع الصيد هو أحد القطاعات المهمة تاريخياً لقطاع غزة، وازدادت أهميته مع تشديد الحصار الإسرائيلي، إذ ارتفعت معدلات البطالة والفقر، فلجأ إليه الكثيرون. وبلغ عدد العاملين في قطاع الصيد في قطاع غزة في آب/ أغسطس 2009 حوالي 8,200 عامل، يعيلون حوالي 50 ألف نسمة. وتتراوح الانتهاكات التي يتعرض لها الصيادون بين إطلاق نار واعتقالات ومصادرة مراكب أو أدوات صيد أو إتلافها؛ علماً بأن الاحتلال الإسرائيلي يسيطر على مياه القطاع ويمنع الصيادين من الابتعاد أكثر من ثلاثة أميال عن شاطئ غزة، مما يزيد من معاناتهم، إذ إن هذه المنطقة الفقيرة بالثروة السمكية بسبب قربها من الساحل، أصبحت أصلاً ذات ثروة مستنفدة بسبب الضغط الهائل؛ مع الإشارة إلى أن اتفاقية أوسلو تمنح الصيادين مسافة عشرين ميلاً من الشاطئ[52].

أصيب زورقي بشظايا قذيفة إسرائيلية منذ عدة أيام، وإصلاحه يكلفني مبلغاً طائلاً لا أقوى على دفعه، نجوت بأعجوبة من موت مُحقق فإطلاق النار على الصيادين لا يتوقف، وبعد إلحاح من أسرتي توقفت عن الإبحار".... أنا البحار وعاجز عن خوض البحر، أنا الصياد و لم أتذوق طعم السمك منذ شهور، أرى أفواج الســردين وهي تتراقص أمام ناظري ولكني عاجز على قذف الشبكة لصيدها، وأخاف من رمي الشبكة حتى لا أُرمى برصاصة أو قذيفة.

الصياد "أبو لؤي شحاتة" (في العقد الرابع).

⟵ جريدة السبيل، عمّان، 2009/4/2.

ويتعرض الصيادون في غزة للاستهداف بشكل شبه يومي من قبل الاحتلال بدعوى "تجاوزهم الحدود المسموح بها"، كما يتعرضون لملاحقات ومضايقات بأشكال مختلفة وكذلك للاعتقالات والتحقيقات، ويتم الضغط على كثير منهم للعمل لصالح مخابرات الاحتلال[53]. وإذ تغيب الإحصائيات الدقيقة والشاملة عن هذه الممارسات، يذكر نقيب الصيادين في قطاع غزة أن الصيادين الغزيين هم من أكثر الفئات استهدافاً من قبل الاحتلال، وأنه يجري اعتقالهم ويتعرضون للضرب والتحقيق المهين، ومن ثم يفرج عنهم دون مراكب صيدهم[54]. وتشمل عمليات الاعتقال ممارسات مهينة مثل التعرية والإساءة اللفظية والإهانات بأشكالها المختلفة، والضغط على الصيادين للعمل مع الاستخبارات الإسرائيلية لتزويدها بمعلومات عن المقاومة في القطاع[55]. ويصف العديد من الصيادين الغزيين مهنتهم بأنها مهنة الموت

خاصة بعد الحرب على غزة حيث "تكاد لا تخلو ليلة من قصف وإطلاق قذائف صاروخية باتجاه مراكبنا" بحسب أحدهم. وكثيراً ما يتعرض الصيادون للملاحقة والاعتقال والاحتجاز لساعات طويلة، ومعظمهم إن لـم يكن جميعهم، تعرضوا لـمصادرة معدات صيد وإتلاف أخرى[56].

الصياد عبد الكريم النحال، تمّ اختطافه في 2008/8/16، من قبل جنود البحرية من قارب الصيد الخاص به في غزة الى ميناء أشدود، حيث تمّ هناك التحقيق معه وإعادته إلى معبر إيريز وهو يلبس زي الجيش الإسرائيلي. أما قاربه الذي بقي في البحر فقد ضاع.

◄ تصوير: محمد صباح، بتسيلم، 2008/8/21.

ويصف أحد الصيادين أحد هذه الممارسات وهي:

قيام بعض الزوارق بالدوران حول الـمراكب الراسية في الـمياه ما يتسبب في تقطيع الشباك، في الوقت الذي يقوم فيه جنود الاحتلال بتسليط الأضواء الساطعة في وجوه الصيادين، وإطلاق عدد كبير من القنابل الضوئية، ما يتسبب في تفريق أسراب أسماك السردين المتجمعة حول الأضواء التي يسلطها الصيادون في الماء.

ويضيف آخر أنه "أحياناً تغادر الزوارق بضعة أميال باتجاه الغرب للتغرير بالصيادين الباحثين عن لقمة العيش، وما إن يحاول الصيادون التحرك من أماكنهم حتى تباغتهم بإطلاق النار والقذائف"[57].

وتشهد العديد من التجارب المؤلمة التي يفيد بها الصيادون أن مثل هذه الممارسات ليست استثناء بل هي ممارسات مستمرة. ففي 2009/8/28 نقلت وسائل الإعلام استشهاد الصياد الفلسطيني محمد العطار (25 عاماً) إثر استهدافه بقذيفة، فصلت رأسه عن جسده، بينما كان يبحر في قارب صغير بغرض الصيد شمال قطاع غزة. وأصيب زميله الذي كان يرافقه على القارب بجراح متوسطة[58]. بعدها بأيام، نجا الصياد الفلسطيني عمر الهبيل من حادثة مشابهة عندما استهدفته مدفعية زوارق الاحتلال فأصابت قاربه الذي احترق، ونجا هو بأعجوبة عبر القفز من قاربه والسباحة باتجاه اليابسة[59].

أما الصياد حسن أبو سلطان (37 عاماً) فيقول:

> خرجت للصيد مع مجموعة من الصيادين في 2008/8/28، وبعد أن رمينا الشباك في الماء توجهت نحونا الزوارق الإسرائيلية... أمرونا بالتجديف شمالاً حتى وصلنا للمناطق غير المسموح لنا الصيد فيها، حينها قال لنا الضابط "أنتم تصطادون في الممنوع". هكذا يحصلون على ذريعة لاعتقالنا. لقد أطلقوا النار قربنا وأجبرونا على خلع ملابسنا والسباحة حتى وصلنا إلى الزورق الحربي الكبير، وصعدنا إليه، فقيدونا ووضعوا عصبة على أعيننا، وتوجهوا بنا إلى ميناء أشدود... أدخلوني إلى غرفة التحقيق، حيث كان هناك ضابطان ومجندة، وعرضوا علي النقود وشراء مركب

جديد لي مقابل التعاون معهم، ومساعدتهم بتزويدهم بمعلومات عن حماس والمقاومة، لكنني أجبته [أجبتهم] بأنني مليونير ولن أتعاون معه [معهم] مهما فعل [فعلوا].

وختم أبو سلطان وهو أب لأربعة أبناء: "الموساد الإسرائيلي يبتزنا في مصدر رزقنا لأنهم يعلمون أننا لا نملك غيره"[60].

وفي رواية شبيهة يروي الصياد أبو رشاد كيف تمّ اعتقاله مع مجموعة من الصيادين في عرض البحر وتعرضوا للضرب والشتم والتنكيل، وساوموهم على السماح بدخول البحر مقابل معلومات عن المقاومة. لكنه على الرغم من اختتامه روايته بتنهيدة، يشدّد: "باختصار يريدون منا أن نصبح عملاء، وأن نبيع أبناء وطننا من أجل قوت صغارنا، ولكن محاولتهم باءت بالفشل فلا أحد سيرضخ لابتزازهم وأساليبهم الرخيصة"[61].

مقبرة المصانع الفلسطينية
The Main Cemetery of the Gaza Strip Factories

خامساً: الاستهداف المباشر للبنى التحتية والقطاع الزراعي

يشكل الحديث في هذا الباب جانباً أساسياً آخر من جوانب البحث في معاناة العمال الفلسطينيين، فاستهدافهم المباشر ليس إلا وجهاً من أوجه استهدافهم الأعمق بهدف شلّ نشاطهم الاقتصادي. حيث تتعمد سلطات الاحتلال أيضاً استهداف البنى التحتية من منشآت وخدمات وتجهيزات، مثل: وسائل المواصلات والاتصالات ومنشآت الكهرباء والمياه؛ بهدف شلّ قدرتها على الصمود والمقاومة، خاصة خلال الاعتداءات والاجتياحات والتوغلات. كما أنها لا تميز في استهدافها المنشآت المدنية والصناعية ولا تتورع عن استهدافها، مع العلم بأن استهدافها يعد وفق اتفاقية جنيف الرابعة جريمة حرب[62].

ولا بدّ هنا من استرجاع المثال الأبرز ربما في هذا السياق، وهو استهدافات الحرب الإسرائيلية على غزة في 2008/12/27، حيث قدرت إجمالي قيمة الخسائر المباشرة للعدوان في البنية التحتية والمباني بأكثر من 1,224 مليون دولار أمريكي، وكان مما دمرته قوات الاحتلال 1,500 مصنع أو محل أو منشأة تجارية، وعشر محطات توليد كهرباء، ونحو خمسين كيلومتراً من الطرقات، وعشر خطوط مياه ومجاري، وأربع محطات بنزين، وجسرين، إلى جانب عشرات المدارس والجامعات والمساجد ومقرات بلدية وهيئات محلية ومقرات أمن وشرطة، وعشرات آلاف المساكن[63].

الأراضي في منطقة بيت حانون في قطاع غزة، قبل الاعتداء الإسرائيلي وبعده (مساحات الحرق والتجريف الواسعة)

بعد   قبل

◄ المصدر: مكتب الأمم المتحدة لتنسيق الشؤون الإنسانية (أوتشا) – الأراضي الفلسطينية المحتلة، 2010/1/18.

ففي قطاع غزة، بلغ مجموع الأراضي الزراعية التي جرفتها قوات الاحتلال منذ بداية انتفاضة الأقصى وحتى 2011/4/9 حوالي 48,052 دونماً، بحسب تقديرات المركز الفلسطيني لحقوق الإنسان[64]. وقد شملت الحرب الإسرائيلية على القطاع في 2008/12/27، عمليات تجريف واسعة النطاق، وتدميراً للدفيئات الزراعية وغرف ومخازن الأدوات والمعدات الزراعية، وشبكات الري الزراعية والآبار، مما كبد القطاع الزراعي في غزة خسائر تقدر بنحو 170 مليون دولار؛ وهو القطاع الذي يوفر فرص عمل لأكثر من 40 ألف مواطن في القطاع، ويوفر الغذاء والاحتياجات المعيشية لحوالي ربع السكان في القطاع.

مزارع فلسطيني يقف حزيناً في أرضه بعد أن قطع المستوطنون أشجار الزيتون فيها.

كما أفاد مكتب الأمم المتحدة لتنسيق الشؤون الإنسانية (أوتشا) – الأراضي الفلسطينية المحتلة United Nations Office for the Coordination of Humanitarian Affairs-Occupied Palestinian Territory (OCHA) في أيار/ مايو 2010 أن ما مجموعه 46% من الأراضي الزراعية في قطاع غزة يُعدّ "أراض يتعذر الوصول إليها أو توقفت عن الانتاج"، إما بسبب تدميرها أو بسبب وقوعها ضمن "المنطقة الأمنية العازلة"، التي يحددها الاحتلال ويمنع الاقتراب منها. ويقع حوالي ثلث الأراضي الصالحة للزراعة في قطاع غزة (29% منها) داخل المنطقة العازلة، التي يتركز فيها أيضاً معظم الانتاج الحيواني في القطاع. ويعد سكان هذه المناطق ضمن المواطنين الأكثر فقراً وتضرراً في القطاع[65].

وبحسب المصدر ذاته، فقد تسببت حرب "إسرائيل" على القطاع في 2008/12/27، بإلحاق الضرر بـ 17% من الأراضي المزروعة بسبب التجريف والتلوث الكيميائي. ويتوقع خبراء البيئة إعاقة الاقتصاد الزراعي في القطاع على المدى البعيد بسبب الاختلال البيئي الذي سببته ممارسات الاحتلال. ومنذ سنة 2005، تشير إحصائيات مكتب الأمم المتحدة لتنسيق الشؤون الإنسانية إلى هدم الاحتلال حوالي 305 آبار ماء و197 مزرعة دواجن و377 مزرعة خراف، تُقَدَّر قيمتها بحوالي 15.644 مليون دولار؛ يضاف إليها تدمير مساحة 24.413 ألف دونم من المحاصيل الزراعية تقدر قيمتها بحوالي 260.012 مليون دولار وذلك في قطاع غزة فقط[66]. وأبرز الخسائر في المحاصيل هي في الزهور والتوت والفراولة، والتي يشتهر القطاع بتصديرها إلى أوروبا، وأصبح المزارعون يضطرون إلى مراقبتها تتلف بسبب الحصار وعدم السماح بالتصدير.

قوات الاحتلال، بعد منعهم من حصاد محصولهم، أحرقته!

قال شهود عيان إن قوات إسرائيلية تشاركها عدة جرافات، توغلت في المناطق الشمالية لبلدة بيت حانون، أقصى شمال قطاع غزة، وقامت على الفور بإشعال النيران بأكثر من 150 دونماً من أراضي المواطنين المزروعة بالقمح والشعير. وبحسب الشهود فإن الآليات العسكرية انسحبت على الفور، بعد قيامها بإحراق المحاصيل الزراعية، التي كان المزارعون يستعدون لحصدها.

وقال الشهود إن جفاف هذه المحاصيل، أدى إلى اشتعال النيران فيها بشكل سريع. وقالت مصادر فلسطينية إن اتصالات المزارعين لحصد هذه المزروعات منذ فترة لم تفلح، بسبب رفض "إسرائيل" دخولهم لتلك الأراضي الزراعية المجاورة لحدودها.

وكان المزارعون تقدموا بطلبات لمكتب الأمم المتحدة لتنسيق الشؤون الإنسانية، وإلى اللجنة الدولية للصليب الأحمر للسماح لهم بالوصول إلى مزروعاتهم، لكن آمالهم تبخرت مع قيام الجنود الإسرائيليين بإحراق الزرع بأكمله.

◄ جريدة القدس العربي، لندن، 2009/7/18.

أما في الضفة الغربية، فيفيد تقرير المركز الفلسطيني لحقوق الإنسان أن قوات الاحتلال صادرت أو جرفت حوالي 6,540 دونماً من أراضي الضفة سنة 2009، ولا تشمل هذه الإحصائيات المناطق المغلقة وبخاصة منطقة الأغوار التي تعتبر

احتياطي الأرض الأهم في الضفة. كما جرى الاعتداء خلال السنة نفسها على 14 ألف شجرة زيتون في الضفة الغربية، تراوحت بين اقتلاع وقطع وحرق وجرف. وتضرر آلاف المزارعين في الضفة الغربية من الجدار الفاصل، ومنعوا من الوصول إلى أراضيهم ومحاصيلهم على الجهة الأخرى إلا بتصاريح إسرائيلية خاصة بالغة التعقيد؛ كما أن الجدار تمّ تشييده في منطقة تُعدّ من أكثر المناطق الزراعية خصوبة في الضفة الغربية[67]. وتقدر وزارة الزراعة الفلسطينية خسائر القطاع الزراعي في الضفة الغربية نتيجة بناء الجدار الفاصل بأكثر من 36.9 مليون دولار، بين خسائر مباشرة نتيجة تدمير الموارد الاقتصادية، وخسائر غير مباشرة كخسائر الانتاج الزراعي في المناطق المعزولة، وتضرر أو تدمير الطرق الزراعية، وفرص العمل الضائعة، والخسائر في خطوط وخزانات المياه.

عبد اللطيف عودة من قرية الدبعة قرب أرضه الواقعة خلف الجدار. منذ بناء الجدار الفاصل، يضطر للسفر مسافة 22 كيلومتر للوصول إلى أرضه الواقعة إلى جانب بيته، ويكون رهن تعسف الجنود في بوابة الجدار.

◄ تصوير: كريم جبران، بتسيلم، 2005/7/20.

وقد أدت الممارسات والتضييقات الإسرائيلية المستمرة والاعتداءات على المزارعين إلى انخفاض قيمة النشاط الزراعي في فلسطين، وانخفاض قيمة إسهامه من 52% في الستينيات إلى 25% بداية التسعينيات، إلى حوالي 9% بداية الألفية الثالثة[68]. كما أدت ممارسات الاحتلال العدوانية، وتجريف الأشجار، وتخريب الدفيئات، إلى تحوّل المزارعين عن هذه الزراعات على الرغم من مردودها العالي نسبياً إلى زراعات أقل عرضة للتخريب مثل القمح والشعير، ذات المردود الأقل، وهي حتى بتعبير بعض المزارعين "لا تستحق عناء التسويق، وبالتالي تستخدم للاستهلاك المنزلي حصرياً"[69].

مزارعون من قطاع غزة يقومون بإتلاف محصول البندورة المزروعة لغرض التصدير، احتجاجاً على إغلاق معبر كارني Karny من قبل "إسرائيل".

◄ تصوير: إبراهيم أبو مصطفى، رويترز، 2006/2/2.

مقبرة المصانع الفلسطينية
The Main Cemetery of the Gaza Strip Factories

سادساً: التبعات الاقتصادية ومعاناة العمال المترتبة على تقييد حرية الحركة

تتحكم قوات الاحتلال بمفاصل الحياة اليومية للفلسطينيين، من خلال تحكمها بقدرتهم على التنقل والحركة، سواء في الضفة الغربية أو في قطاع غزة، مما يزيد من معاناتهم الإنسانية وكذلك الاقتصادية. وقد ذكر البنك الدولي في العديد من تقاريره أن نظام الإغلاقات في الضفة الغربية والحواجز وحصار قطاع غزة من الأسباب الرئيسية وراء الأداء الاقتصادي الضعيف أو المشلول في الضفة الغربية وقطاع غزة. وسنركز في هذا المبحث على التبعات الاقتصادية ومعاناة العمال المترتبة على تقييد حرية الحركة، أولاً: في قطاع غزة (المعابر والحصار)، وثانياً: في الضفة الغربية (الحواجز والجدار والطرق الالتفافية).

عمال فلسطينيون ينامون على الرصيف، قرب معبر بيت لحم عند الفجر بانتظار المرور على المعبر، في 2009/6/21.

• معابر قطاع غزة: تتحكم سلطات الاحتلال بكافة المعابر المؤدية من القطاع وإليه، باستثناء معبر رفح (مع مصر)، الذي يُفترض أنه يخضع لإشراف أوروبي وإدارة مصرية مشتركة، إلا أنه أيضاً في سياسة فتحه يتبع لأهواء القوى الدولية وبالتالي الاحتلال. وبهذا، فإن القطاع فعلياً محاصر، ليس مع وصول حماس إلى السلطة بل قبل ذلك بكثير. وحقيقة، فإن ما تغير مع وصول حماس ثم الحسم العسكري في غزة، هو أن الحصار أصبح أشدّ خنقاً. ويشمل الحصار حركة الأشخاص والبضائع بما فيها البضائع الأساسية من أغذية وأدوية ووقود ومواد صناعية، وهو لهذا تسبب فعلياً بشلل اقتصادي في القطاع.

فقبل الحسم العسكري (حزيران/يونيو 2007) كان معدل عدد الشاحنات التي تدخل قطاع غزة شهرياً حوالي 10,400 شاحنة؛ وانخفض بعد ذلك إذ تسمح سلطات الاحتلال الإسرائيلية بدخول حوالي 2,500 شاحنة شهرياً فقط أي 25% من احتياجات سكان القطاع.

بالصور: عندما "يقتل" الحصار المصانع

بين الحصار الإسرائيلي الخانق لقطاع غزة، والاستهداف المباشر خلال الحرب الإسرائيلية عليه في 2008/12/27، توقفت مئات المصانع والورش في قطاع غزة عن العمل، وارتفعت نسبة البطالة بين عمّال القطاع بشكل مخيف.

وتظهر الصورة رقم (1)، مصنع الشرق الأوسط للأدوية بعد توقفه عن العمل بسبب منع الاحتلال دخول المواد الخام للقطاع، حتى الضرورية منها كالغذاء والدواء. مع ضرورة الإشارة إلى أن المصنع هو الوحيد للأدوية في قطاع غزة.

الصورة رقم (1)

في حين تظهر الصورة رقم (2)، مصنع دلول للأجبان والألبان في قطاع غزة بعض تعرّضه لغارة إسرائيلية دمّرته كلياً.

الصورة رقم (2)

أمّا الصور الأكثر تعبيراً فهي الصورة رقم (3)، والتي تظهر افتتاح "مقبرة المصانع الفلسطينية" في قطاع غزة، في خطوة رمزية للجنة الشعبية لمواجهة الحصار. وقد ضمّت المقبرة عدداً كبيراً من القبور الرمزية للمصانع الفلسطينية التي أجبرها الحصار على الإغلاق، والتي تقدر بحوالي أربعة آلاف مصنع ومنشأة وورشة بحسب اللجنة.

الصورة رقم (3)

كما انخفض عدد أنواع السلع التي تدخل القطاع من حوالي أربعة آلاف سلعة قبل حزيران/ يونيو 2007 إلى حوالي أربعين سلعة فقط حتى كانون الثاني/ يناير 2011، وهي السلع التي حددتها قوات الاحتلال على أنه "لا غنى عنها" كالأغذية والأدوية والاحتياجات الطبية الأساسية[70].

ولم يستثنِ الحصار الوقود الذي يعد احتياجاً أساسياً سواء لمحطة توليد الكهرباء أم للاستخدام الصناعي أم للاستخدام المنزلي والتدفئة، حيث تتطلب محطة الكهرباء بمفردها حوالي 3.5 ملايين ليتر من الديزل الصناعي أسبوعياً. ولا تسمح قوات الاحتلال إلا بدخول 2.5 مليون ليتر لجميع احتياجات القطاع، وهو الحد الذي أقرته المحكمة الإسرائيلية العليا بعد التماس إنساني رفعته عدة جمعيات حقوقية، ولكن لا تلتزم به سلطات الاحتلال دائماً، وذلك بحسب الإحصائيات. وتنقطع الكهرباء يومياً في القطاع بين 4-8 ساعات بسبب نقص الوقود، كما مرّ القطاع بفترات انقطع فيها الوقود تماماً مع كل ما يتبع ذلك من تضرر في المهن، وخاصة في المستشفيات والمرضى ذوي الحالات الصحية الحرجة[71].

ولقد أدى هذا الحصار إلى آثار كارثية في الاقتصاد، خاصة مع قيام سلطات الاحتلال الإسرائيلية بإلغاء الرمز الجمركي الخاص بقطاع غزة في 2007/6/21، مما يعني إنهاء التعاملات التجارية وكافة الوكالات والعلامات التجارية لمستوردي ومصدري القطاع. ويلخص د. ماهر الطباع، مدير العلاقات العامة في الغرفة التجارية الفلسطينية، هذه النتائج بتكبد قطاع غزة خسائر اقتصادية تقدر بنحو 500 مليون دولار، وإغلاق 95% من المنشآت الصناعية، أي ما يقارب 3,700 مصنع من أصل 3,900، وما تبقى كان يعمل بنسبة لا تزيد عن 20% من طاقاته الإنتاجية؛ كما تمّ تعليق تنفيذ مشاريع بناء وبنية تحتية بقيمة 370 مليون

دولار نتيجة عدم توافر مواد البناء، وحصول ارتفاع جنوني في الأسعار، تراوح بين 30% و1000%؛ وتدهور القطاع الصحي بسبب النقص الحاد في الأدوية والمستلزمات والمعدات الطبية؛ وتمّ تسريح أكثر من 75 ألف عامل كانوا يعملون في القطاع الخاص؛ وتوقف التصدير الزراعي تماماً، مما يهدد حوالي 40 ألف عامل يعملون في القطاع، ونتجت خسائر فادحة لمزارعي التوت الأرضي والأزهار تقدر بحوالي 16 مليون دولار؛ وتمّ تعطيل حوالي 90% من قطاع النقل التجاري، وتدمير قطاع الصيد بسبب النقص الحاد في الوقود وبالتالي توقف المراكب؛ وتأثر قطاع الثروة الحيوانية بسبب نقص الأعلاف واللقاحات البيطرية والأدوية؛ والقطاع التعليمي بسبب النقص في الكتب والقرطاسية والمطبوعات[72].

وبعد الحرب على قطاع غزة في أواخر سنة 2008، تفاقمت هذه الآثار مع استمرار الحصار ومنع جهود إعادة الإعمار، وقدّرت العديد من المؤسسات الدولية أن الخسائر المتراكمة تفوق الأربعة مليارات دولار في هذا القطاع الصغير وهو ما يعادل نحو إجمالي الناتج القومي الفلسطيني (التقديرات كانت لسنة 2009)[73].

• الحواجز والجدار والطرق الالتفافية في الضفة الغربية: تفرض سلطات الاحتلال على فلسطيني الضفة الغربية نظاماً صارماً من القيود على حرية الحركة، عبر الحواجز المختلفة ونقاط التفتيش، والطرق الالتفافية التي تبنيها لحماية المستوطنين. وزاد من هذه المعاناة بناء الجدار الفاصل في الضفة الغربية، والذي أقرّت محكمة العدل الدولية في لاهاي بقرارها الاستشاري عدم شرعيته في القانون الدولي، وضرورة إزالته وتعويض الفلسطينيين عن كافة الأضرار التي تسبب بها[74].

وبحسب إحصائيات تشرين الأول/ أكتوبر 2010، بلغ عدد الحواجز في الضفة الغربية 592 حاجزاً، 99 منها حواجز ثابتة، و73 بوابة وممر ضمن الجدار الفاصل

(تموز/ يوليو 2009)، و420 منها هي عراقيل ومعيقات محسوسة كالكتل الترابية ومكعبات الباطون والبوابات الحديدية والقنوات (أيار/ مايو 2010)؛ مع الإشارة إلى أن هذه المعيقات تمنع مرور جميع السيارات، حتى في حالات الطوارئ، في حين تمنع الحواجز مرور الفئة الذكورية الشابة ما بين 16-35 عاماً، من المرور عليها، وهؤلاء يشكّل العمال وأصحاب المهن النسبة الأكبر بينهم[75].

عبدالله جلعود، 59 عاماً، قلقيلية. محاضر في جامعة النجاح في نابلس. بسبب الحواجز يحتاج إلى ساعتين ونصف ليصل إلى عمله في الجامعة، بدلاً عن نصف ساعة فقط.

◄ تصوير: إليعيزر موآف، بتسيلم، 2003/12/24.

وإلى جانب الحواجز أعلاه، تُضاف الحواجز الفجائية والمتنقلة. فقد أحصى مكتب الأمم المتحدة لتنسيق الشؤون الإنسانية حوالي 310 حواجز فجائية بالمعدل كل شهر خلال الفترة نيسان/ أبريل 2009 – آذار/ مارس 2010؛ مقارنة .بمعدل 65 حاجزاً فجائياً للفترة أيلول/ سبتمبر 2008 – آذار/ مارس 2009. وبهذا فإن ادعاءات الاحتلال بتخفيف القيود على التنقل ليست صحيحة، .بمجرد إزالته لبعض الحواجز الثابتة، إذا ما نظرنا إلى الزيادة الكبيرة في عدد الحواجز الفجائية والمتنقلة[76].

أما "الشوارع الممنوعة" فهي مصطلح جديد خاص بالاحتلال العنصري، إذ إن هذه الشوارع هي طرقات في الضفة الغربية لكنها خاصة للمستوطنين اليهود

وباقي الإسرائيليين فقط؛ ويمنع على الفلسطينيين المرور عليها، على الرغم من أنها تقيد وصولهم إلى الشوارع المجاورة، وتضطرهم في كثير من الأحيان إلى الترجل والسير مشياً لأخذ وسيلة مواصلات أخرى من الطرف المقابل. ويصعب رصد هذه الطرقات لأن تحديدها يتم بأوامر شفوية، لكن مساحتها تقدر بحوالي 232 كيلومتراً، ولعل الشارع 443 هو أشهرها[77].

وبسبب هذه القيود، فقد عشرات الآلاف من الفلسطينيين وظائفهم، وألحقت أضرار بالغة بحركة تنقل العمال، وكذلك شحن البضائع، وارتفعت أسعار النقل بشكل يحد من إمكانية الربح خاصة على المزروعات والمصنوعات البسيطة. وصار يتعيّن على العديد من الموظفين الفلسطينيين الاستيقاظ والمغادرة في ساعات الفجر الأولى للحاق بعملهم، بسبب الساعات الإضافية التي تأخذها الحواجز والمعيقات الإسرائيلية[78].

ويروي العامل علي يوسف جبر (43 عاماً)، من بلدة الخضر جنوب بيت لحم في الضفة الغربية، أنه يضطر للخروج مبكراً من منزله في الرابعة فجراً حتى يتمكن من المرور عبر حاجز جيلو Gilo المقام على المدخل الشمالي لبيت لحم، جراء ازدحام العمال على البوابة، وما يرافق ذلك من إجراءات تفتيش إسرائيلية دقيقة بهدف إهانة العمال وتأخيرهم عن عملهم لساعات طويلة؛ علماً بأن الوقت اللازم للوصول إلى القدس في الوضع الطبيعي لا يتعدى ثلث ساعة، لكن بفعل الحواجز يتعدى الوقت الساعتين أو أكثر[79].

كما يلجأ العديد من العمال إلى سلوك طرق التفافية أو التسلل لتفادي الحواجز الإسرائيلية ومعاملة الاحتلال التعسفية، مما يضطرهم أحياناً لتسلق الجدار الفاصل مثلاً أو التسلل من خلال شبكة المجاري وتصريف مياه الأمطار.

ويروي محمد (23 عاماً)، أنه بعد رحلته من بيت لحم إلى الرام للوصول لعمله من خلال منهل خاص بتصريف مياه الشتاء، وجد العشرات من الشبان ينتظرون دورهم للنزول إلى ذلك المنهل، والتسلل من خلاله إلى خلف الجدار الفاصل. رحلة محمد ذلك اليوم لم تكن سليمة العواقب، إذ كانت بانتظاره على الجهة الأخرى من الجدار دورية عسكرية، تصطاد كل من يخرج من شبكة تصريف مياه الامطار لينهال عليهم الجنود ضرباً، ويحتجزونهم لخمس ساعات تحت أشعة الشمس [80].

كما يقوم بعض العمال بإحضار سلالم وحبال من أجل تسلق الجدار، حيث يعلقون أحد السلالم على واجهة الجدار ويتم ربط حبل في فتحة برأس الكتل الاسمنتية للجدار البالغ ارتفاعه حوالي ثمانية أمتار، وتنزيل ذلك الحبل من الجهة الأخرى للجدار، ويبدأ العمال بالصعود إلى الجدار وإلقاء أنفسهم بمساعدة الحبل على الجهة الأخرى والهبوط بشكل سريع مخلفاً لهم آلاماً حادة في اليدين والقدمين، بسبب سرعة النزول بواسطة الحبل عن ظهر الجدار. وهذه الرحلة تكون عادة في ساعات الصباح الباكر للعمال الأمر الذي يضطرهم للخروج من منازلهم الساعة الثانية أو الثالثة فجراً، وفق ما أكّده العمال الذين يصلون إلى أماكن عملهم بتلك الطريقة. كما أشار العديد من العمال إلى أنهم يضطرون في أثناء توجههم إلى مكان عملهم للسير ليلاً مسافات طويلة وسط الجبال، في رحلة محفوفة بالمخاطر تحتاج حوالي ساعتين [81].

وقد حذر البنك الدولي في تقرير له من انهيار سوق العمل الفلسطيني بسبب القيود المفروضة على الحركة، مشيراً أنها لا تجلب انهياراً في الاقتصاد فقط، بل تولّد أيضاً أشكالاً من العنف المجتمعي الخفي والظاهر [82].

ممنوع المرور

مقبرة المصانع الفلسطينية
The Main Cemetery of the Gaza Strip Factories

سابعاً: معاناة العمال الفلسطينيين داخل "إسرائيل" وفي المستعمرات (العمالة السوداء)

بدأ تدفق العمالة الفلسطينية إلى "إسرائيل" سنة 1968، عندما قررت فتح أبوابها للعمالة الفلسطينية من خلال برنامج استخدام رسمي. ومنذ ذلك الوقت نما تدفق العمالة الفلسطينية نمواً ملحوظاً فقد ازداد من 20 ألفاً سنة 1970 إلى 66 ألفاً سنة 1975. ثمّ تباطأ النمو بحلول سنة 1979 ليصل إلى ذروته سنة 1987 حيث بلغ 116 ألف عامل [83]. ويختلف هذا التذبذب في حال الضفة الغربية عنه في حال قطاع غزة. وقد اكتسب العمل أهمية أكبر عند سكان قطاع غزة المليء باللاجئين والفقير بالموارد الطبيعية [84].

بالرغم من كل ما سبق، تجدر الإشارة إلى أن العمال الفلسطينيين لم يقصدوا السوق الإسرائيلية إلا مضطرين أو مرغمين، وكثيرون ممن يقصدونها يفعلون

ذلك "سراً" بسبب عدم رغبتهم في أن تكون لهم أي صلة بالاحتلال؛ كما يفضل كثيرون الفقر والبطالة عليها. وقد أكدت دراسة مسحية أجريت سنة 1984 على حوالي 1,100 عامل فلسطيني في "إسرائيل"، أن 48% من هؤلاء هم من أصل ريفي و23% من المخيمات، وأن معظم العمال هم من فئات الدخل المنخفض، أو الأقل تعليماً. كما أنّ معظم هؤلاء العمال هم من غير العمال المهرة، ويتركّزون في قطاعات الزراعة والإنشاءات[85].

ومع اندلاع الانتفاضة الأولى سنة 1987، انخفض عدد العمال الفلسطينيين داخل "إسرائيل" بشكل كبير، ليعود ويرتفع قليلاً مع نهايتها سنة 1993؛ متأثراً بطبيعة الحال بالسياسات الإسرائيلية والإجراءات الأمنية التي تتذرع بها، لتتعسف في التحكم بحياة الفلسطينيين في الضفة الغربية وقطاع غزة. فانخفض مثلاً في سنة 1996 ثم بعد اندلاع انتفاضة الأقصى، ثم مع بناء جدار الفصل العنصري في الضفة الغربية، وبعد فوز حركة حماس في الانتخابات النيابية، والحصار المفروض على غزة؛ حيث صار مجرد الوصول إلى داخل الخط الأخضر صعباً بل مستحيلاً على كثير من الفلسطينيين، وينطوي على مشاق كثيرة تهدد حياتهم يومياً. فبعضهم يضطر لتسلق الجدار الفاصل، والبعض للتسلل عبر أنفاق أو للسير عشرات الكيلومترات في الجبال والبرد، والبعض الآخر يضطر لدفع مبالغ خيالية لبعض السائقين، الذين يهربونهم في شاحنات أو يحشرونهم في سيارات نقل ويهربونهم[86].

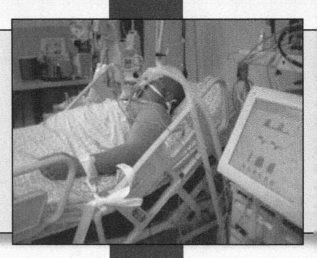

ناصر سباتين الذي أطلق عليه الجنود الإسرائيليون النار وأصابوه بجراح بالغة عندما حاول عبور الجدار الفاصل من أجل العمل في "إسرائيل"، يرقد في قسم العناية المكثفة في مستشفى بيلينسون Beilinson Hospital.

◄ تصوير: ساريت ميخائيلي، بتسيلم، 2006/4/8.

عدد العمال الفلسطينيين في "إسرائيل" والمستعمرات في سنة 2011 لم يعد معروفاً، بسبب عمل الكثير منهم دون تصاريح. فتقارير جهاز الأمن العام (الشاباك) Israel Security Agency-ISA (Shabak) تقدرهم بحوالي 20 ألفاً إلا أن ساريت توباز Sarit Topaz أستاذ علم الاجتماع في جامعة تل أبيب يؤكد أنهم أكثر من ذلك بكثير: "ربما هم أقرب إلى 200 ألف"[87]. ولعل الرقم الأكثر منطقية هو أنهم بحدود 80 ألف عامل، حيث تشير إحصائيات الجهاز المركزي الفلسطيني للربع الرابع من سنة 2010 إلى أن هناك 70 ألف عامل فلسطيني في "إسرائيل" وحوالي تسعة آلاف في المستعمرات الإسرائيلية[88]. ولا يملك الكثير من هؤلاء العمال التصاريح اللازمة سواء للدخول إلى "إسرائيل" والمستعمرات أو للعمل هناك، وبالتالي يتعرضون للملاحقة والاعتقال دائماً من قبل شرطة الاحتلال الإسرائيلية. ويقدر عدد المعتقلين من هؤلاء بحوالي 15 ألف عامل سنوياً[89]، إلا أن عدد المعتقلين يتفاوت بين فترة وأخرى، فمثلاً في أيلول/ سبتمبر 2009، نقل التلفزيون الإسرائيلي أن شرطة الاحتلال اعتقلت خلال الشهرين الماضيين 17,620 عامل فلسطيني ورحّلتهم للضفة الغربية[90].

ولا تلخص كلمة "اعتقال" معاناة هؤلاء العمال عند اكتشاف أمرهم. فقد كشف تقرير لمركز بتسيلم في آذار/ مارس 2007 عن هول المعاناة التي يمرون بها، مشيرة أن قوات الاحتلال قتلت خلال السنوات الأخيرة حوالي مائة عامل من بينهم. ويروي العامل خالد غنيمات (38 عاماً، وأب لثمانية أولاد):

> اعتقلوني وكان أول تصرف من الجندي هو صفعة على وجهي. وعندما تذمرت أمامه من هذا الاعتداء بصق في وجهي وفقد أعصابه وراح يضربني في شتى أنحاء جسدي، ثمّ ضربني بكعب البندقية على رأسي فسقطت أرضاً، وراح يرفسني بشكل جنوني، رغم أنني لم أعد أتفوه بكلمة اعتراضاً على اعتداءاته.

ويضيف غنيمات أن أكثر ما جرح مشاعره هو أن هذا الاعتداء تمّ بحضور ابنه، الذي أصرّ على الذهاب معه إلى العمل. وأضاف: "في لحظة معينة، داس الجندي على رقبتي وقال: أنت كلب. عليك أن تنبح، فشعرت بالاختناق، ولكنني تمنيت في تلك اللحظة أن أموت بين يديه حتى لا أنظر إلى عيني ولدي".

وتقول المنظمة أن الجنود في مواقع أخرى كانوا يتفننون في التعذيب والإهانة، ويجبرون العمال على إنشاد الأناشيد التي تمجّد قوات حرس الحدود الإسرائيلي، ويجبرونهم على شتم أنفسهم وشتم قادتهم، بل وشتم الرسول الكريم[91].

عمال فلسطينيين بانتظار الدخول للمنطقة الصناعية إيريز Eretz.

➤ تصوير: أحمد جاد الله، رويترز، 2005/2/13.

شهادة غنيمات للمنظمة، أكدتها شهادة أحد الجنود للمصدر ذاته، إذ قال إن أول ما يفعله الجندي الإسرائيلي عندما يلقي القبض على عامل فلسطيني متسلل هو صفعه على وجهه، "فإذا سكت، ينجو من العقاب، وأما إذا اعترض فإنه سيبدأ مسلسل تنكيل وتعذيب يجعله يتمنى لو أنه لم يولد". وأضاف: "نمنعه من التدخين ومن الحديث بالهاتف. ونفرض عليه عقاباً شديداً مثل المشي أو الركض لمسافة طويلة قد تصل إلى 5 كيلومترات".

ووصفت المنظمة هذه الحالات بـ"طرف الخيط الذي يوصل إلى روتين قاس من أعمال العنف والتنكيل، التي تشمل استعمال القوة بصورة غير قانونية، والمس غير القانوني بالأملاك، واستعمال وسائل إرغام غير قانونية بغرض الحصول على معلومات، وتجنيد المتعاونين، وإطلاق النار بصورة غير قانونية". كما أضاف التقرير أن العديد من هؤلاء العمال يتعرضون في نهاية المطاف للاستغلال من قبل أرباب العمل بسبب وضعهم غير القانوني، ويعملون لساعات طويلة دون أجر مناسب وأحياناً يتم حرمانهم من الأجر. ويتفاقم الأمر عند تعرضهم لحوادث خلال العمل أو مرضهم، إذ يخسر معظمهم وظيفته دون أية تعويض أو ضمانات[92].

ويروي جمال أحد العاملين في المستعمرات الإسرائيلية:

أعمل منذ عشر سنوات في مصنع إسرائيلي للأخشاب. للشركة لا يوجد اسم. أعمل تسع ساعات يومياً وأتقاضى 100 شيكل [حوالي 29 دولاراً]. يوجد في المصنع ثلاثون عاملاً، ليس لدينا تقريباً حماية من الشمس والشتاء. في الشتاء نقف طيلة اليوم في الوحل، لا يوجد مراحيض ونُمنع من الخروج، لأن البوابة الحديدية تفتح عند الساعة الرابعة فقط. قبل سنتين، استجمعت الجرأة لأشتكي. هل تعرف ماذا جرى؟ فصلت فوراً

وطردت من العمل دون راتب. وبعد أسبوعين رن جرس الهاتف، وكان صاحب العمل على الخط. وقال أنه سيمنحني فرصة أخيرة، ولكن علي أن أصمت. وهكذا فعلت[93].

أما العمال "القانونيون" فإن أوضاعهم ليست أفضل، فعلى هؤلاء: أولاً، الحصول على تصريح أمني للعمل داخل "إسرائيل"؛ وثانياً، الحصول على بطاقة ممغنطة تحتوي كافة تفاصيلهم؛ وثالثاً، دفع مبلغ شهري يصل إلى 500 دولار، بغض النظر عن تمكنهم من الحصول على عمل أو لا[94]. كما أنهم يضطرون كل صباح للاستيقاظ باكراً للحاق بعملهم بسبب المعابر وحواجز التفتيش التي عليهم الخضوع لها يومياً. وتشير بعض التقارير إلى أن ارتفاع نسبة الإصابة بالسرطان بين الفلسطينيين، وذلك بسبب مرورهم اليومي على الحواجز، وخضوعهم المتكرر للتفتيش بالأشعة؛ هذا عدا عن انتظارهم لساعات وساعات للعبور[95].

يقول أحد العمال: "نبتعد عن عائلاتنا لأشهر، وأحياناً ننسى معالم وجوه أطفالنا الذين يكبرون خلال غيابنا... نحن نتعرض للإهانة والإذلال، ونعمل من طلوع الشمس حتى غروبها بأجور قليلة جداً"... وأضاف عامل آخر: "تخيلوا، نمر بكل هذا العذاب، يوماً وراء يوم، وأحياناً أياماً عدة نعمل عند صاحب عمل معين، لنكتشف فقط في نهاية المطاف أنه يرفض إعطاءنا أجورنا المستحقة؛ بل ويهددنا بالتبليغ عنا للشرطة". (لكونهم عمالاً "غير شرعيين").

شهادة عاملين فلسطينيين يعملان في "إسرائيل".

➤ Middle East Monitor, The predicament of Palestinian workers in Israel, 24/2/2010.

ولهذا، يختار العديد من العمال الفلسطينيين البقاء في "إسرائيل" لأيام وأحياناً لأسابيع، تفادياً لرحلة التسلل إلى "إسرائيل"، أو للعبور على الحواجز والخضوع

للتفتيش والتدقيق الأمني، الذي يصل أحياناً إلى حدّ خلع الملابس تماماً[96]. إلا أن الظروف التي يبقون فيها هي ظروف غير إنسانية للغاية، تنعدم فيها التهوئة والنظافة والراحة الشخصية[97].

مع افتقاد معظم العمال الفلسطينيين داخل "إسرائيل" للأوراق القانونية، يصبح إيجادهم لمكان يبيتون فيه الليل أمراً صعباً وشبه مستحيل، فتبيت الأغلبية في مكان عملها من ورش ومخازن ومصانع.

محمد كان "محظوظاً" إذ وجد مكاناً يستأجره. "غرفة علبة" إن صح التعبير. تختَ تحت الدرج وبجانبه كرسي للحمام ومغسلة ومكان للاستحمام، بل وتلفاز وميكروويف، وبراد، وفرشتان أخريان، فالمكان ليس لمحمد وحده بل يشاركه فيها عاملان آخران!

مع هذا، محمد يعيش في رعب دائم من ملاحقة الشرطة له واكتشاف أمره. ذات يوم دقّ الباب بعنف، فقفز هو وزميله في الغرفة من الشباك هرباً من أن تكون الشرطة. لم تكن الشرطة، لكنه عندما قفز كسر رجله ولم يتمكن من تلقي العلاج أو الذهاب للمستشفى خوفاً من انكشاف أمره، بل انتظر إلى حين عودته للضفة.

صورة لـ "شقة" محمد

ويعمل محمد مضطراً داخل "إسرائيل"، لكنه نادم على ذلك حيث يعيش في رعب دائم وقلق: "لو كان بإمكاني العودة للوراء ست سنوات، لما جئت إلى هنا أبداً".

➤ Wrong Side of the Wall, Palestine Monitor, 11/5/2010.

وعلى الرغم من إقرار المحكمة الإسرائيلية العليا بضمان حقوق العمال الفلسطينيين في "إسرائيل" براتب تقاعدي، إذا ما دفع مستوجبات ذلك من راتبه، فإن الإحصائيات تشير إلى أن العامل الفلسطيني يدفع بالمعدل 17.5% من راتبه للتقاعد من غير أن يستفيد من ذلك[98]. ويعكس هذا مدى التمييز الذي يعانيه الفلسطينيون العاملون لدى الإسرائيليين، وهو تمييز يمارسه أرباب العمل والدولة والشرطة على حدّ سواء.

العامل محمد أبو حمرة لم يعد على قيد الحياة لسرد قصّته. قبل خمس سنوات طلب منه إقامة جدار حول المصنع الذي يعمل فيه في نيتساني شالوم Nitzanei Shalom، ويقول ابنه: "استخدموا حاويات بلاستيكية مليئة بفضلات كيماوية لدعم الجدار، وانفجرت إحدى تلك الحاويات وأصيب أبي برأسه. وبعد أربعة أيام توفي متأثراً بجراحه، وترك أمي وثمانية أولاد. و لم نتلق أي مرتب تقاعد أو تعويضات".

ابن محمد، ماجد، اضطر إلى وقف دراسته من أجل إيجاد عمل كي يتمكن من إعالة أسرته. "قبل سنتين قدمنا شكوى ضد صاحب مكان عمل أبي، ولكن القضاة لم يتخذوا قراراً بعد في القضية".

➢ واقع العمال الفلسطينيين في المناطق الصناعية الإسرائيلية الكئيب؛ دون قوانين أو حقوق، عرب 48، 2007/4/14.

ويروي الشاب عبد اللطيف أبو ريا أنه قبل عدة شهور قُطِعَت يده حينما كان يعمل على ماكينة قص في مصنع الكرتون، وفصله صاحب العمل الإسرائيلي وأرسله إلى البيت، وتوقف عن دفع راتبه. وفي أعقاب الحادثة أصبح أبو ريا مشلولاً بشكل جزئي. ولم يستطع الأطباء في مستشفى طولكرم إجراء العملية المعقدة الذي كان يمكنها أن تنقذ حركة يده، وهو ممنوع من الوصول إلى المستشفيات الإسرائيلية التي يمكنها أن تقدم له المساعدة. ويضيف: "صاحب العمل لم يدفع لي أي تعويضات، وبسبب الإصابة لا يمكنني إيجاد عمل في أي مكان آخر. وألغيت البطاقة المغناطيسية التي بحوزتي [تصريح عمل في "إسرائيل"]. واستشرت محامياً وبدأ بإجراءات قضائية في إسرائيل، ولكن لا يمكنني حتى لقاؤه، لأنني ممنوع من المرور من نقطة المراقبة"[99].

مقبرة المصانع الفلسطينية
The Main Cemetery of the Gaza Strip Factories

Humanitarian Aid

ثامناً: الانعكاسات الاجتماعية لمعاناة العمال الفلسطينيين

لعل الانعكاس الأبرز لممارسات الاحتلال الإسرائيلي بحق الاقتصاد الفلسطيني والعمال الفلسطينيين يتمثل في ارتفاع نسب الفقر والبطالة والاعتماد على المساعدات.

فعلى الرغم من أن الجهاز المركزي للإحصاء الفلسطيني يقدر نسبة البطالة بحوالي 16.9% في الضفة الغربية و37.4% في قطاع غزة، إلا أنها فعلياً أكبر من ذلك فهي تقدر في الضفة الغربية بحوالي 31% وفي قطاع غزة بحوالي 75%، خاصة بعد العدوان الإسرائيلي الذي حصل أواخر سنة 2008، حيث ارتفع أيضاً معدل الفقر إلى حوالي 90% وأصبح 85% من السكان يعتمدون على المساعدات الإنسانية[100]. كما أن النسبة الرسمية الواردة في إحصائيات الجهاز المركزي

للإحصاء الفلسطيني (23.4%)، تعدّ بين النسب الأعلى من معدلات البطالة عربياً ودولياً. وكذلك فإن هذه البطالة لاستمراريتها على مدى السنوات، تصنّف ضمن البطالة المزمنة، أي أنها ليست موسمية أو ظرفية مؤقتة بل مستمرة باستمرار الاحتلال[101].

مياه ملوثة

"أنا لا أقول لأطفالي أني أعتقد أنهم يمرضون بسبب تلوث المياه. فأنا غير قادر على تحمل تكاليف شراء المياه من الصهاريج، وإذا قلت لهم أن الماء يسبب لهم المرض فأظنهم سيرفضون شرب الماء كلياً".

عدنان نجيب، أب لخمسة أبناء من قرية بورين شمال الضفة الغربية، وهو يأخذ أطفاله لإجراء فحص الأميبيا المعوية Ameba intestinal مرة كل ثلاثة أشهر وتكون نتيجة الفحص دائماً موجبة مؤكدة إصابتهم بهذا النوع من الطفيليات الذي يسبب الإسهال. وقد تعرضت مياه القرية للتلوث بسبب نفايات مستعمرة هار براخا Har Bracha القريبة، وهو لا يملك تكاليف تنقية المياه.

➤ وكالة الأمم المتحدة للاجئين الفلسطينيين (الأونروا)، قصص اللاجئين (2008)، شرب المياه في قرية بورين، انظر: http://www.un.org/unrwa/arabic/Refugees/stories/st08/st_13.htm

ويقدّر عدد العمال العاطلين عن العمل في الضفة الغربية وقطاع غزة بحوالي 234 ألف فرد. وتتركز أعلى نسب البطالة بين الشباب (الفئة العمرية 15-19 عاماً) حيث قدرت بحوالي 42.5% في الربع الرابع من سنة 2010[102]؛ على الرغم من

أن غالبية أفراد هذه الفئة يفترض أن يكونوا أيضاً من الطلاب الجامعيين. ولعل هذا بحد ذاته يشير إلى أحد الانعكاسات الاجتماعية الأبرز لصعوبة الظروف الاقتصادية، التي تضغط على الشباب من أجل تأمين مدخول مالي، وبالتالي تمنعهم أو على الأقل تعيقهم من التركيز على تخصصهم ودراستهم، فتشكل عثرة تحول دون تحقيق مستقبل عملي أفضل لهم كأفراد ولمجتمعهم.

امرأة فلسطينية في قطاع غزة تأخذ حصتها من المساعدات. وبسبب ارتفاع نسب البطالة وتدمير الاحتلال لمقومات الاقتصاد والحصار الخانق الذي يفرضه على القطاع، يعتمد حوالي 85% من سكان القطاع على المساعدات.

إن وجود مئات الآلاف من العمال العاطلين عن العمل يتسبب بلا شكّ في وجود أزمة اجتماعية ونفسية لدى هؤلاء الأفراد وعائلاتهم. والصورة في المجتمعات الفلسطينية أعمق بكثير، إذا أضفنا ما يتعرض له العاملون من ضغوط

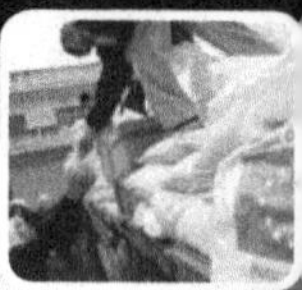

نفسية وانتهاكات جسدية ومادية، بما فيها تدمير أرزاقهم وأراضيهم ومحالهم ومصانعهم. وماذا عن أصحاب الاختصاصات الذين لا يجدون مكاناً يمارسون فيه اختصاصاتهم، فيضطرون إما للهجرة أو لممارسة أعمال بسيطة جداً طلباً للعيش. مع كل ما سيتركه هذا من انعكاسات على الطلاب والمراهقين الذين قد لا يجدون رغبة في إكمال تعليمهم مع ضغوطات الحياة والفقر، وصعوبة إيجاد عمل لائق.

أضف إلى كل ما سبق إغراءات العمل لدى الإسرائيليين، وما ينتج عنه من معاناة أسهبنا في وصفها، ومن جانب آخر ضغوطات الاحتلال الإسرائيلي لابتزاز العمال وتجنيدهم للعمل لصالح استخباراته.

قصص معاناة الشباب والعمال الفلسطينيين كثيرة، ولا تتوقف عند الانتهاكات والجراح والوفاة. هي قصص مغموسة بيوميات السعي لحياة أفضل، والإصرار على الصمود مهما صعبت الظروف. فمحسن، الحاصل على ماجستير في الاقتصاد، لم يكن أمامه إلا استئجار عربة لبيع الفراولة والفاكهة مقابل الجامعة التي تخرج منها! ويضيف: "صحيح أنني أشعر بحزن شديد لاضطراري للعمل في مجال لا يتطلب شهادات، لكنني لا أرضى أن أبقى عالة على أسرتي، وأمد يدي لوالدي للحصول على شواكل قليلة. ومنذ عامين وأنا أعمل بائعاً متجولاً". وهو اليوم يستعدّ للسفر إلى دولة خليجية، بعد أن نجح في الحصول على عقد عمل مع شركة استشارات اقتصادية[103].

أما محمد (45 عاماً) فيعدُّ نفسه محظوظاً إذ حظي بفرصة للعمل لمدة شهر في مشاريع نظافة الشوارع، التي تموّل تنفيذها جهات ومؤسسات دولية مانحة. ويقول: "حصلت على فرصة العمل هذه من بين آلاف المتقدمين لها حيث اختارت

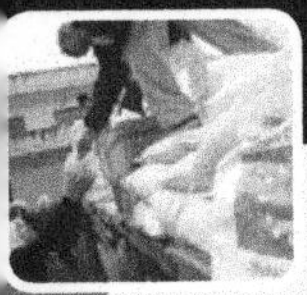

المؤسسة 300 عامل ضمن دفعة التشغيل الأولى، لتستكمل كل شهر دفعة جديدة من إجمالي أكثر من 20 ألف عامل سجلوا أسماءهم". مبيناً أن أقاربه ومعارفه قدموا له التهاني متمنين لأنفسهم فرصة عمل مماثلة، وأنه لم يشعر للحظة واحدة بالخجل من أن يشاهده أي شخص قريب أو بعيد وهو يحمل مكنسة أو يجر العربة اليدوية الخاصة بنقل النفايات، فالمهم تأمين الحد الأدنى من المتطلبات تحت قسوة الحصار الإسرائيلي الخانق[104].

ويحذر الأخصائيون من الآثار السلبية للبطالة على الفرد والمجتمع، إذ تولّد لدى الفرد شعوراً بالنقص، وتشجع على انتشار آفات اجتماعية عدة، كالسرقة، والنصب، والدعارة والجريمة، إضافةً إلى أن الفرد العاطل عن العمل يشعر بالفراغ وبعدم تقدير المجتمع له، فتنشأ لديه ردّات فعل تتّسم إما بالعدوانية أو الإحباط، كما أنّ البطالة تحرم المجتمع من الاستفادة من طاقة أبنائه، فضلاً عن انعكاسها السلبي على العلاقة الأسرية[105].

ثمّ إن البطالة تدفع بتشجيع الشباب على الهجرة، وهو ما يؤكده لؤي شبانة رئيس الجهاز المركزي للإحصاء الفلسطيني، إذ يشير إلى نتائج دراسة إحصائية بينت أن نحو ثلث الشباب الفلسطيني يفكرون بالهجرة بنسبة 45% للذكور و18% للإناث، وأن السبب الرئيس هو الوضع الإقتصادي (96% للذكور و66% للإناث)، يليه عدم توافر الأمن والأمان في الضفة الغربية وقطاع غزة (80% للذكور و73% للإناث)[106].

وتدفع الأوضاع المعيشية الصعبة إلى انتشار العمل بين الأطفال والنساء، حيث يوجد عدد كبير منهنّ يُعِلْنَ أسرهن. وتعاني النساء والأطفال في سوق العمل من ضغوط إضافية، حيث أنهم أكثر عرضةً للاستغلال والتمييز[107].

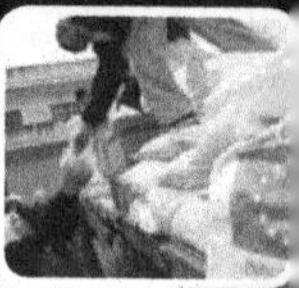

أما العاملون في المستعمرات الإسرائيلية أو داخل "إسرائيل" فإنهم في العديد من الأحيان يتعرضون لمعاناة نفسية مضاعفة، إذ يصبحون منبوذين في الجانبين: في عملهم حيث يعاملون بعنصرية وإهانة، وفي محيطهم الاجتماعي حيث يعاملون بتهميش وقد يتهمون بالخيانة.

كما تدفع الأوضاع الاقتصادية السيئة وارتفاع نسب البطالة أيضاً بالعديد من الفلسطينيين للعمل في مهن خطرة، مثل الأنفاق في قطاع غزة أو في الكيماويات والنفايات السامة، عندما لا يتبقى لديهم خيار آخر؛ خاصة وأن العمل في مثل هذه المهن له مردود مادي مرتفع نسبياً.

ويروي الشاب ميسرة (19 عاماً) أنه لجأ للعمل في حفر الأنفاق كي يستطيع توفير بعض المال للزواج، بدلاً من العمل في مهنته الأصلية في مجال "كهرباء السيارات" حيث بحسب تعبيره:

أصحاب الكراجات يريدون صبياً تحت أيديهم، ولا يريدون عاملاً. اشتغلت أكثر من سنتين في أحد الكراجات ولم يتطور وضعي، إنهم يستغلونني، وأعمل "مثل الحمار" من الصبح حتى آخر الليل، وفي اختتام الأسبوع أحصل على 50 شيكل على الأكثر [10 دولارات تقريباً]. أما في العمل تحت الأنفاق فأحصل يومياً على هذا المبلغ[108].

وينطوي العمل في الأنفاق على خطر محدق دائماً، سواء باحتمالات انهيار التربة الطينية فوق رؤوسهم ودفنهم وهم أحياء، أم بالتعرض لقصف مباشر من قبل طائرات الاحتلال الإسرائيلي، أم بالموت تسمماً بغاز سام تنشره قوات الأمن

المصرية في فتحات الأنفاق التي تعثر عليها في رفح المصرية بحسب شهادات العاملين فيها، علاوة على احتمالات انفجار بعض المواد المهربة عبر الأنفاق في أثناء نقلها، مثل الوقود. وبما أن العديد من العاملين في هذا المجال هم من الفتية وطلاب المدارس، يضطر العديد منهم للكذب على أهله بخصوص مكان عمله ونوعه.

معاناة عمال الأنفاق

... أما صديقه عامر، المشرف على النفق، فقال إن ثلاثة من عماله توفوا مؤخراً، اثنين منهم نتيجة الاختناق بسبب سقوط التراب عليهم والثالث بشظايا صاروخ إسرائيلي سقط بالقرب من النفق.

وأوضح عامر "نحن هنا لنعيش، لا نريد أن نصبح أغنياء، نطمح لأن نساعد الناس وندخل لهم النواقص من البضائع والسلع التي ترفض إسرائيل توريدها لغزة، نحن لا نريد الموت لكننا مجبرون على تذوقه حتى تعيش أسرنا".

◄ أنفاق غزة رحلة يومية مع الموت، الجزيرة.نت، 2009/6/25.

وبلغ عدد الفلسطينيين الذين قتلوا داخل الأنفاق منذ سنة 2007 وحتى سنة 2009 بحسب مركز الميزان لحقوق الإنسان 53 قتيلاً[109]، لكنه بحسب المدير العام للإسعاف والطوارئ في قطاع غزة فاق المائة في حين قدّر عدد حالات الاختناق بما يزيد على المائتين[110]. وقال علي (24 عاماً) الذي أنهى دراسته الجامعية

في غزة و لم يجد عملاً، أنّه تلقى عرضاً من أصدقائه للعمل في أحد الأنفاق مقابل 25 دولاراً يومياً، مشيراً إلى أنّ هذا العمل مرعب وخطير. ويضيف: "إنها فرصتي الوحيدة لأساعد والدي على تربية إخواني... في كل دقيقة أكرّر الشهادتين وأتذكر أهلي خلال عملي تحت الأرض. مهنة صعبة ولكن الظروف تدفعنا للعمل، لو أعطونا حلولاً أخرى لما وافقنا على هذا العمل المخيف"[111].

أما سعيد (34 عاماً)، وهو يعمل في التنقيب عن قضبان الحديد بين ركام مستعمرة كفار داروم Kfar Darom التي هجرها الاحتلال وسط قطاع غزة، فيؤكد أنه بالرغم من تورم يديه جراء الجروح من شدة ضرب الخرسانة، فإنه لم يفقد عزيمته في الاستمرار في هذا العمل لأنه أصبح مصدر رزقه الوحيد، مضيفاً أنه يجد ذلك أرحم بنفسه من البحث عن المخلفات الصلبة وسط أكوام القمامة.

ويضيف "زميله في المهنة"، الطفل عاطف موسى (12 عاماً) ببراءة طفولية لم تذهب بها طبيعة عمله المضني، "إنه لا يقدر على ضرب أعمدة الخرسانة مثل شقيقه الكبير، لكنه يصاحبه ليقوم بجمع بعض قطع الألمنيوم أو النحاس الصغيرة، التي يبيعها لجمع أموال يشتري بها ملابس المدرسة، مثلما يحدث معه كل عام"[112].

ولا تتورع سلطات الاحتلال الإسرائيلي عن استغلال الظروف المعيشية الصعبة للعمال بالضغط عليهم لإجبارهم على التعاون مع المخابرات الإسرائيلية. وقد نقلت القناة التلفزيونية الإسرائيلية الثانية عن أحد كبار ضباط الشاباك قوله: "لقد تعاظمت أهمية العملاء في غزة بالنسبة لنا بعد فكّ الارتباط منها سنة 2005، إنهم ببساطة يشكلون عيوناً وآذاناً لإسرائيل، تجنيدهم يتم بإغراءات مالية زهيدة أو .بمساومتهم

بالعلاج الطبي أو تأشيرات السفر"[113]. وتشير العديد من التقارير والشهادات إلى قيام الإسرائيليين بابتزاز العمال الفلسطينيين والضغط عليهم للتعاون مع المخابرات الإسرائيلية، خاصة في قطاع غزة، وتركز خاصة على فئة العمال البسطاء. ومن هؤلاء، كما ذكرت التقارير، الصيادين والمزارعين والعتّالين (الحمّالين) في المعابر البرية للقطاع مع "إسرائيل"، حيث يتم خطف العمال واقتيادهم للتحقيق معهم ثم استدراجهم للعمل عبر وعدهم برواتب مغرية وظروف عيش أفضل؛ إلا أن معظم الفلسطينيين يرفضون هذا العمل ويعدّونه غير مشرف وغير أخلاقي بل وخيانة لوطنهم وصمودهم[114].

معاناة عامل فلسطيني في "إسرائيل"

يعبر المواطن محمد عيسى، عن الشعور الذي يراوده عندما ينتهون من بناء عمارة للإسرائيليين "أتمنى لو تهدم، أشعر بأن موقعها ليس هنا، وأن سكانها هم نحن، أحرص على عدم رؤيتها مرة أخرى، لأنها بالطبع ستكون مسكونة بمن نبادلهم الحقد والكراهية".

ويضيف "أتقبل العمل في إسرائيل على مضض فمن السهل أن تقنع نفسك بأنها أرض لن تعود لك يوماً، لكن في المستوطنات لم أجرب العمل، ليس لأن الظروف هناك سيئة، بل لأن الأرض تصادر يومياً أمام أعيننا، فليس من السهل أن تشيد بيديك بيتاً لعدوك في أرض لا زالت جذور زيتونها خضراء".

◄ موقع اتحاد النقابات الإسلامية للعمال، انظر: http://www.alnaqaba.org

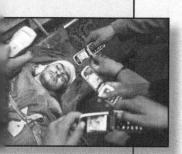

من رحم معاناتهم ... يصنعون تميزهم
جائزة دولية لممرضة فلسطينية في غزة

...منحت منظمة "أميركيون من أجل صندوق الأمم المتحدة للسكان" Americans for the United Nations Fund for Population جائزتها الدولية لصحة وكرامة المرأة لسنة 2010 إلى مديرة دائرة تمريض الولادة في مجمع الشفاء الطبي في مدينة غزة فايزة شريم، التي رشحها للجائزة صندوق الأمم المتحدة للسكان حول العالم، بإشراف لجنة مختصة للاختيار.

وأهدت شريم الجائزة للشعب الفلسطيني وللممرضين الفلسطينيين، ...وأعرب وزير الصحة في الحكومة المقالة الدكتور باسم نعيم عن سعادته وفخره لحصول شريم على هذه الجائزة، معتبراً أنها جاءت تتويجاً لجهد كبير بذلته شريم خلال تجربتها وعملها في مجال القِبالة، وقدرتها على تذليل العقبات التي واجهتها في أثناء الاجتياحات الإسرائيلية لقطاع غزة. واعتبر فوزها شهادة اعتزاز ومفخرة حقيقية للكوادر الصحية العاملة في وزارة الصحة التي تسعى، على الرغم من الحصار والتحديات، إلى إثبات نجاحاتها المتلاحقة على المستويين المحلي والدولي.

➤ جريدة **الحياة**، لندن، 2010/5/23.

الصورة الفائزة لناصر الشيو

الصورة الفائزة لخليل أبو ح

الصحفيان ناصر الشيوخي وخليل أبو حمرة يفوزان بجائزتين دوليتين مرموقتين

أعلنت المنظمة الدولية للصحفيين المعروفة بمنظمة "بي جي بي" International
Organization of Journalists، والتي تتخذ من العاصمة السويدية مقراً لها، عن فوز
مصورين صحفيين فلسطينيين أحدهما من مدينة الخليل في الضفة الغربية، والثاني من قطاع
غزة، بجائزتين رفيعتي المستوى، عن عمل لكل منهما خلال سنة 2009.

...وتظهر صورة الشيوخي الذي سبق له الفوز بعدد من الجوائز العربية والدولية، مشهداً
مؤثراً لشهيد فلسطيني شاب من مدينة الخليل يرقد في نعشه بهدوء وسلام على الرغم من آثار
الجراح البادية في وجهه، بينما تحيط بالنعش مجموعة من الأيدي التي يحمل كل منها هاتفاً
خلوياً ويقوم أصحاب هذه الهواتف بتصوير المشهد الحزين من دون أن تظهر وجوههم، بينما
التقطت عدسة خليل أبو حمرة صورة لفتاة فلسطينية تبكي بلوعة أقارب لها استشهدوا على
أثر إصابتهم بقذيفة أطلقها الجيش الإسرائيلي على بلدة بيت لاهيا خلال الحرب الأخيرة.

وسبق للشيوخي أن فاز مرتين بالجائزة الذهبية لمهرجان بغداد الدولي للصور الفوتوغرافية،
كما فاز بمراكز وجوائز متقدمة في مهرجان أتلانتا Atlanta Festival، وسبق للمصور العالمي
الشهير جيل برايس Jill Price أن وصفه بأنه واحد من أفضل المصورين في العالم، أما أبو
حمرة ففاز هو الآخر بعدد من الجوائز في مسابقات دولية أقيمت في الولايات المتحدة
واليابان.

وقال الصحفي ناصر الشيوخي، تعقيباً على فوزه بالجائزة، إنه يحس بمشاعر متناقضة إزاء
ذلك، فمن جهة ما زالت مشاهد القسوة الناجمة عن عنف الاحتلال حاضرة في البال، مع
أن الكاميرا لا توثق إلا جانباً يسيراً من ذلك، ومن جهة أخرى "أشعر بالفخر لنجاحنا نحن
الصحفيين الفلسطينيين في توثيق معاناة شعبنا ونقلها للعالم، كما أحس بالفخر لأن زميلاً من
غزة يشاركني الجائزة في دلالة رمزية على وحدة شعبنا ووحدة مصيره ومعاناته".

◀ وكالة معا الإخبارية، 2010/3/10.

خاتمة

العمال الفلسطينيون هم باختصار، طبقةٌ تَحَكَّمَ ويتحكّم الاحتلال الإسرائيلي بكافة ظروف تشكيلها وعملها. هم أساساً أقرب للحركة العمالية الفردية منهم لطبقة عاملة أو قطاعات عمالية أو اقتصادية. معاناتهم صور مشتركة ومتقاطعة من تعسّف الاحتلال وتحكّمه بمصادر رزقهم لإذلالهم وإخضاعهم. فالمتخصصون منهم غير قادرين على ممارسة اختصاصاتهم بسبب تحكم الاحتلال بالصادرات والواردات، والاستهداف المستمر للبنى التحتية. وليت الأمر يعني التخصصات المتقدمة كعلوم التقنية والذرّة والطيران والميكانيك، بل الاختصاصات الأساسية اللازمة لكفاية أي مجتمع، من طب وهندسة وصناعة؛ أو من صحافة وإعلام وتجارة وخدمات، والأخيرة مهن تعيقها حواجز الاحتلال الدائمة واستهدافه المتعمد لبعض هذه الفئات مثل الصحفيين تحديداً. أما غير المتخصصين، وأبرزهم العاملون في قطاعات الزراعة والصيد، فهم مستهدفون أيضاً من قبل الاحتلال؛ إلى جانب

التحكم بحرية حركتهم أو إمكانية وصولهم إلى أراضيهم أو إلى البحر، حيث تتم مصادرة أراضيهم ومعداتهم، ومنعهم من الوصول إليها، أو بأفضل الظروف يتمّ التحكم بالمساحات التي يمكن لهم ممارسة عملهم فيها.

فأية زراعة ممكنة والاحتلال يصادر المياه أساس الحياة، ويمنع الفلاحين من الوصول إلى أراضيهم؟ وأية تجارة تتمّ والاحتلال متحكم بشبكات الطرق والمواصلات والمعابر والصادرات والواردات؟ وأية مصانع تستطيع العمل والاستمرار والاحتلال فوق تحكّمه بكل ما سبق، يتحكم أيضاً بالعنصر البشري متسلطاً متجبراً، يفرض حظر التجول متى شاء، ويقتحم أو يدمر ما يشاء بحجج واهية؟.

إنها سياسة الاحتلال الذي لا يتورّع ولا يتوانى عن استغلال الجانب الاقتصادي كأداة ضغط لتركيع الشعب الفلسطيني. وإنّ وقف معاناة العمال الفلسطينيين لا تكون فقط عبر زيادة المنح والمساعدات الدولية، أو عبر برامج الدعم وتوفير فرص العمل اللائقة، بل تكون أساساً عبر إنهاء الاحتلال، لأن احتلالاً من هذا النوع لا يسمح أساساً بوجود ظروف تسمح بسير العمل الاقتصادي الفلسطيني، بما يتناسب مع ما أكرم الله به هذه البلاد من موارد طبيعية يقوم الاحتلال باستنزافها، ومن خبرات ومهارات صناعية وتجارية وثقافية شهد على كفاءتها العالم قبل الاحتلال، وما زال في المستقبل أمل بأن تعود لازدهارها السابق.

هوامش

[1] انظر: الجهاز المركزي للإحصاء الفلسطيني، **الفلسطينيون في نهاية عام 2010** (رام الله: الجهاز المركزي للإحصاء الفلسطيني، كانون الأول/ ديسمبر 2010)، في:
http://www.pcbs.gov.ps/Portals/_pcbs/PressRelease/palpeople2010_A.pdf

[2] محسن صالح وبشير نافع (محرران)، **التقرير الاستراتيجي الفلسطيني لسنة 2005** (بيروت: مركز الزيتونة للدراسات والاستشارات، 2006).

[3] لمزيد من التفاصيل انظر اتفاقية باريس الاقتصادية التي تعرف أيضاً باسم بروتوكول باريس الاقتصادي في:

Ministry of Foreign Affairs, Israel-PLO Economic Agreement, Paris, 29/4/1994, http://www.mfa.gov.il/

ونص اتفاقية المعابر (15-11-2005)، مركز الإعلام الفلسطيني، 2005/11/16، انظر:
http://www.palestine-pmc.com/arabic/inside1.asp?x=1914&cat=3&opt=1

[4] الجهاز المركزي للإحصاء الفلسطيني، عشية العام الجديد 2010: الإحصاء الفلسطيني يستعرض أوضاع السكان الفلسطينيين في العالم نهاية عام 2009، 2009/12/29، انظر:
http://www.pcbs.gov.ps/Portals/_pcbs/PressRelease/pop_2009-A.pdf

[5] الجهاز المركزي للإحصاء الفلسطيني، **مسح القوى العاملة: دورة (تشرين أول - كانون أول، 2010)، الربع الرابع 2010، تقرير صحفي لنتائج مسح القوى العاملة** (رام الله: الجهاز المركزي للإحصاء الفلسطيني، شباط/ فبراير 2011)، انظر:
http://www.pcbs.gov.ps/Portals/_pcbs/PressRelease/LF_Q042010_A.pdf

[6] **المرجع نفسه.**

[7] **المرجع نفسه.**

[8] **المرجع نفسه.**

[9] الأمم المتحدة، الإعلان العالمي لحقوق الإنسان، انظر:
http://www.un.org/arabic/aboutun/humanr.htm

[10] محسن صالح، المقاومة المسلحة ضد المشروع الصهيوني في فلسطين 1920-2001، سلسلة دراسات منهجية في القضية الفلسطينية (3) (ماليزيا: دار الفجر، 2002).

[11] أسعد صقر، الحركة العمالية في فلسطين منذ عهد الانتداب البريطاني وحتى عام 1980 (دمشق: دار الجرمق للطباعة والنشر، 1981)، ص 158.

[12] محسن صالح، التيار الإسلامي في فلسطين وأثره في حركة 1917-1948، ط 2 (بيروت: مكتبة الفلاح للنشر والتوزيع، 1989)، ص 275-281.

[13] أسعد صقر، مرجع سابق، ص 160، 161.

[14] المرجع نفسه، ص 96.

[15] المرجع نفسه، ص 96-101.

[16] المرجع نفسه، ص 179.

[17] المرجع نفسه، ص 237-243.

[18] محمد القيمري، أضواء على الحركة العمالية الفلسطينية (د.ن، 1990)، ص 127-142.

[19] انظر موقع الاتحاد العام لعمال فلسطين، في: www.gupw.org.ps

[20] انظر موقع الاتحاد العام لنقابات عمال فلسطين، في: www.pgftu.org

[21] الاقتصاد الفلسطيني في غرفة الانعاش، موقع الجزيرة.نت، 2008/2/26.

[22] محسن صالح وبشير نافع، التقرير الاستراتيجي الفلسطيني لسنة 2005.

[23] Leila Farsakh, "The Palestinian Economy and the Oslo Peace Process," Trans-Arab Research Institute, Boston, http://www.tari.org/index.php?option=com_content&view=article&id=9:the-palestinian-economy-and-the-oslo-peace-processq&catid=1:fact-sheets&Itemid=11

[24] Ibid.

[25] Ibid.

[26] محسن صالح وبشير نافع، التقرير الاستراتيجي الفلسطيني لسنة 2005.

[27] "Report on Israeli Settlement in the Occupied Territories," Foundation for Middle East Peace (FMEP), vol. 3, no. 6, November 1993, http://www.fmep.org/reports/archive/vol.-3/no.-6/PDF

[28] محسن صالح (محرر)، **التقرير الاستراتيجي الفلسطيني لسنة 2009** (بيروت: مركز الزيتونة للدراسات والاستشارات، 2010).

[29] عصام بكر، "من يتذكر عيون قارة؟،" موقع حزب الشعب الفلسطيني، 2009/5/20، انظر:

http://www.ppp.ps/atemplate.php?id=985

[30] موقع المبادرة الفلسطينية لتعميق الحوار العالمي والديمقراطية (مفتاح)، أرقام وإحصائيات الخسائر البشرية والمادية من 2000/9/28-2011/1/31، انظر:

http://www.miftah.org/Arabic/Areport.cfm

[31] تقرير: 6700 أسيراً في سجون الاحتلال بينهم 283 طفلاً و35 أسيرة، موقع فلسطين خلف القضبان، 2010/11/10، انظر:

http://www.palestinebehindbars.org/ferwana10nov2010.htm

[32] موقع عرب48، 2005/10/10.

[33] المرجع نفسه.

[34] المرجع نفسه.

[35] المرجع نفسه.

[36] اتفاقيات جنيف 1949 وبروتوكولاتها الإضافية، موقع اللجنة الدولية للصليب الأحمر، انظر: http://www.icrc.org/Web/ara/siteara0.nsf/htmlall/genevaconventions

[37] المركز الفلسطيني لحقوق الإنسان، "الطواقم الطبية الفلسطينية بين نيران قوات الاحتلال الإسرائيلي ومهمة نقل وإسعاف القتلى والجرحى والمرضى، التقرير الرابع حول الانتهاكات الإسرائيلية ضد الطواقم الطبية الفلسطينية، 1 كانون الثاني/ يناير 2005-30 نيسان/ أبريل 2007،" انظر: http://www.pchrgaza.org/files/REPORTS/arabic/pdf_medical/ medical%20report4.pdf

والمركز الفلسطيني لحقوق الإنسان، "الطواقم الطبية الفلسطينية بين نيران قوات الاحتلال الإسرائيلي ومهمة نقل وإسعاف القتلى والجرحى والمرضى، تقرير حول الانتهاكات الإسرائيلية ضد الطواقم الطبية الفلسطينية خلال العدوان على قطاع غزة، 2008/12/27- 2009/1/13،" انظر:

http://www.palestine-studies.org/gaza/reports/palestinecenter/pdf7.pdf

38 تستثني الإحصائيات الفترة من نهاية أيلول/ سبتمبر 2009 حتى 2010/1/1. انظر التقرير السنوي لجمعية الهلال الأحمر الفلسطيني لسنة 2010 وتقرير الانتهاكات والاعتداءات الإسرائيلية على موقع جمعية الهلال الأحمر الفلسطيني، في:http://www.palestinercs.org

39 انظر: المركز الفلسطيني لحقوق الإنسان، التقرير السنوي 2009 (غزة: المركز الفلسطيني لحقوق الإنسان، أيار/ مايو 2010)، في:

http://www.pchrgaza.org/files/annual/arabic/annual-r-2009.pdf

40The Israeli Information Center for Human Rights in the Occupied Territories (B'Tselem), Palestinians who Died Following an Infringement of the Right to Medical Treatment in the Occupied Territories, 29/9/2000-31/5/2011, http://old.btselem.org/statistics/english/Casualties_data.asp?Category=21&region=TER

41 انظر: المركز الفلسطيني لحقوق الإنسان، التقرير السنوي 2009.

42 المرجع نفسه.

43 اتفاقيات جنيف 1949 وبروتوكولاتها الإضافية، موقع اللجنة الدولية للصليب الأحمر.

44 المركز الفلسطيني لحقوق الإنسان، "إخراس الصحافة: التقرير الثالث عشر: توثيق انتهاكات قوات الاحتلال الإسرائيلي بحق الطواقم الصحفية العاملة في الأرض الفلسطينية المحتلة 2009/9/1-2010/10/31، 2010/12/16."

45 المرجع نفسه.

46 المركز الفلسطيني لحقوق الإنسان، "إخراس الصحافة: التقرير العاشر، توثيق انتهاكات قوات الاحتلال الإسرائيلي بحق الطواقم الصحفية العاملة في الأرض الفلسطينية المحتلة خلال الفترة من 2003/4/1 وحتى 2004/3/31، أيار/ مايو 2004.

47 المركز الفلسطيني لحقوق الإنسان، "إخراس الصحافة: التقرير الثالث عشر."

48 عرب48، 2005/10/10.

49 سيتناول الجزء الثاني عشر من سلسلة أولست إنساناً دراسة تفصيلية لمعاناة المزارعين الفلسطينيين تحت الاحتلال الإسرائيلي.

[50]عرب48، 2005/10/10.

[51]موقع مفتاح، أرقام وإحصائيات الخسائر البشرية والمادية من 2000/9/28-2011/1/31.

[52]المركز الفلسطيني لحقوق الإنسان، "تقرير خاص حول: الاعتداءات الإسرائيلية على الصيادين الفلسطينيين في قطاع غزة، الفترة من: 2008/6/1-2009/08/31،" انظر:
http://www.pchrgaza.org/files/REPORTS/arabic/pdf_fesh/fishermen3.pdf
وجريدة **الأيام**، رام الله، 2009/9/1.

[53]**الأيام**، 2009/9/1.

[54]جريدة **عكاظ**، الرياض، 2009/12/18.

[55]جريدة **الشرق الأوسط**، لندن، 2009/4/9؛ وجريدة **السبيل**، الأردن، 2009/4/16؛ وجريدة **الدستور**، الأردن، 2009/8/27.

[56]**الأيام**، 2009/10/10.

[57]**الأيام**، 2009/10/10.

[58]جريدة **القدس العربي**، لندن، 2009/8/28.

[59]**الأيام**، 2009/9/1.

[60]**الدستور**، 2009/8/27.

[61]**السبيل**، 2009/4/16.

[62]اتفاقيات جنيف 1949 وبروتوكولاتها الإضافية، موقع اللجنة الدولية للصليب الأحمر.

[63]الجهاز المركزي للإحصاء الفلسطيني، رئيس الإحصاء الفلسطيني يستعرض الخسائر الاقتصادية الأولية في قطاع غزة جراء العدوان الإسرائيلي، 2009/1/19، انظر:
http://www.pcbs.gov.ps/Portals/_pcbs/PressRelease/gaza_losts.pdf

[64]المركز الفلسطيني لحقوق الإنسان، إحصائيات انتفاضة الأقصى الثانية: الفترة من 2000/9/29 إلى 2011/4/9.

[65]مكتب الأمم المتحدة لتنسيق الشؤون الإنسانية (أوتشا) - الأراضي الفلسطينية المحتلة، "بين الجدار والسندان: الأثر الإنساني للقيود الإسرائيلية على الوصول إلى الأراضي والبحر في قطاع غزة،" تقرير خاص بالتعاون مع برنامج الأغذية العالمي، آب/ أغسطس 2010.

66 المرجع نفسه.

67 انظر: المركز الفلسطيني لحقوق الإنسان، **التقرير السنوي 2009**.

68 وزارة الزراعة الفلسطينية، تقرير خاص عن الجدار وأثره، انظر:

http://www.moa.pna.ps/research/wall.pdf

69 مكتب الأمم المتحدة لتنسيق الشؤون الإنسانية (أوتشا)، "بين الجدار والسندان."

Gaza Gateway site, http://www.gazagateway.org/ 70

Ibid. 71

72 ماهر تيسير الطباع، مدير العلاقات العامة في الغرفة التجارية الفلسطينية، "قطاع غزة على حافة الانهيار التام،" آذار/ مارس 2008.

73 محسن صالح، **التقرير الاستراتيجي الفلسطيني لسنة 2009**.

74 لمطالعة تفاصيل الحكم الاستشاري الذي أصدرته محكمة العدل الدولية بخصوص الجدار، أو ملخص عنه، انظر موقع المحكمة:

http://www.icj-cij.org/docket/index.php?p1=3&p2=4&k=5a&case=131&c
ode=mwp&p3=4

75 مركز المعلومات الإسرائيلي لحقوق الإنسان في الأراضي المحتلة (بتسيلم)، "الحواجز، المعيقات المحسوسة والشوارع الممنوعة،" انظر:

http://www.btselem.org/Arabic/Freedom_of_Movement/checkpoints_and_
forbidden_roads.asp

76 المرجع نفسه.

77 المرجع نفسه.

78 المرجع نفسه.

79 **القدس العربي**، 2008/5/2.

80 **القدس العربي**، 2008/5/2.

81 **القدس العربي**، 2008/5/2.

82 جريدة **الحياة الجديدة**، رام الله، 2010/2/24.

[83] إشكاليات العمل النقابي في فلسطين، أوراق عمل قدمت في المؤتمر الذي نظمه مركز الديموقراطية وحقوق العاملين في 18-1999/7/19، في مركز بلدنا، رام الله.

[84] ليلى فرسخ، **العمل الفلسطيني في إسرائيل: 1967-1997** (رام الله: معهد أبحاث السياسات الاقتصادية الفلسطيني "ماس"، 1998)، ص 27.

[85] **المرجع نفسه**، ص 28-30.

[86] الجزيرة.نت، 2010/2/7.

[87] "Wrong Side of The Wall", Palestine Monitor, 11/5/2010, http://www.palestinemonitor.org/spip/spip.php?article1393

[88] الجهاز المركزي للإحصاء الفلسطيني، **مسح القوى العاملة: دورة (تشرين أول - كانون أول، 2010)**.

[89] Senussi Bsaikri, "The Predicament of Palestinian Workers in Israel," Middle East Monitor, 24/2/2010.

[90] وكالة معا الإخبارية، 2007/9/23.

[91] مركز بتسيلم، "تجاوز الحدود القانونية: المس بكرامة، جسد، ممتلكات وحياة الفلسطينيين الذين يمكثون في إسرائيل بدون تصاريح،" آذار/ مارس 2007.

[92] المرجع نفسه.

[93] عرب48، 2007/4/14.

[94] Senussi Bsaikri, op. cit.

[95] **القدس العربي**، 2008/5/2؛ وانظر:
Senussi Bsaikri, op. cit.

[96] Senussi Bsaikri, op. cit.

[97] مركز بتسيلم، "تجاوز الحدود القانونية."

[98] Senussi Bsaikri, op. cit.

[99] عرب48، 2007/4/14.

[100] جريدة **الأهرام**، القاهرة، 2009/2/19؛ وانظر:
Senussi Bsaikri, op. cit.

101 محسن صالح (محرر)، التقرير الاستراتيجي الفلسطيني لسنة **2010** (بيروت: مركز الزيتونة للدراسات والاستشارات، 2011).

102 المرجع نفسه.

103 جريدة **الحياة**، لندن، 2008/4/21.

104 جريدة **الغد**، عمّان، 2008/3/14.

105 **الحياة**، 2008/4/21.

106 **الحياة**، 2008/4/21.

107 تمّ تناول معاناة المرأة الفلسطينية العاملة في هذه السلسلة، انظر: حسن ابحيص وسامي الصلاحات ومريم عيتاني، **معاناة المرأة الفلسطينية تحت الاحتلال الإسرائيلي**، سلسلة أولست إنساناً؟ (2) (بيروت: مركز الزيتونة للدراسات والاستشارات، 2008)، ص 75؛ كما تمّ التطرق إلى عمالة الأطفال ومعاناة الطفل الفلسطيني العامل، انظر: أحمد الحيلة ومريم عيتاني، **معاناة الطفل الفلسطيني تحت الاحتلال الإسرائيلي**، سلسلة أولست إنساناً؟ (3) (بيروت: مركز الزيتونة للدراسات والاستشارات، 2008)، ص 75.

108 **الحياة**، 2009/3/23.

109 المرجع نفسه.

110 الجزيرة.نت، 2009/6/25.

111 الجزيرة.نت، 2009/6/25.

112 الجزيرة.نت، 2007/6/29.

113 الشرق الأوسط، 2009/4/9.

114 القدس العربي، 2009/6/24؛ والشرق الأوسط، 2009/4/9؛ والسبيل، 2009/4/16؛ والدستور، 2009/8/27.

صدر من هذه السلسلة

يصدر قريباً

11. معاناة الطالب الفلسطيني تحت الاحتلال الإسرائيلي، سلسلة أولست إنساناً؟ (9).

12. معاناة الفلاح الفلسطيني تحت الاحتلال الإسرائيلي، سلسلة أولست إنساناً؟ (12).

13. معاناة الفلسطينيين بسبب الحواجز والمعابر الإسرائيلية، سلسلة أولست إنساناً؟ (13).